JN085154

# 都市・まちづくり
## のための
## コミュニティ入門

小地沢将之 著

学芸出版社

# まえがき

　我が国は、町内会などの地縁組織を核としたまちづくりが伝統的に盛んである。しかし、担い手の高齢化や町内会加入率の減少などの背景から、これらの活動の持続が困難になりつつある。阪神・淡路大震災を契機に、NPOなどの新たなセクターが課題解決型まちづくりの担い手として注目され、東日本大震災においても延べ数百万人の人たちが被災地で活躍したといわれている。東日本大震災の翌年に開催された世界防災閣僚会議では、NPOなどによる支援の事例が多数報告された。しかし、地縁組織が主導した取組みの事例報告は、第9章でも紹介している仙台市内の1事例のみであった。地縁組織による課題解決型の活動、あるいはNPOと地縁活動の融合による活動は、平時でも災害時でも実際にはあまり行われていない。

　一方、地方自治体における都市政策は公民連携の時代を迎えている。「民」は従来、企業などの経済セクターを指すが、我が国の歴史的な社会構造を鑑みると、「公」にとってのもっともふさわしい連携パートナーは地縁組織であろう。すなわち、地域に暮らす私たち一人ひとりが課題解決力を備えたまちづくりの担い手になる方法を検討しなければならない。

　ところで、従来は都市の成り立ちなど空間的な都市構造に関する学問は、建築・土木学分野の一領域である都市計画学が担ってきた。公民連携や都市政策に関する内容もここに含まれている。一方で、町内会やNPOなど、社会の非空間的な側面については、社会学の一領域である都市社会学の守備範囲である。この両者が融合すれば、我が国特有の都市や社会の成り立ちをふまえ、その特性を最大限に活かした課題解決が実現可能となるだろう。近年は公共施設等総合管理計画や立地適正化計画など、新しい行政運営や都市経営の考え方も出てきており、これらの新制度を適切に運用していくためには、都市計画学と都市社会学の双方の専門性を有しなが

ら取り組むべき時にある。

　本書は、ハードの都市を扱う都市計画学と、ソフトの社会を扱う都市社会学の双方について、基本的な視点を押さえながら、それぞれを個別の学問の知識として修得するのではなく、双方の関わり合いを理解できるようまとめた教科書である。すなわち本書の狙いは、建築・土木学分野の学生たちにとっては、その空間的な世界の背景にある社会の仕組みを意識することができ、社会学分野の学生たちにとっては、人々の関係性や行動のフィールドである都市空間や農村空間の成り立ちやあり方を知ることができることにある。


　世界の人口は80億人を超え、2050年代後半には100億人を超えるとの推計があり、こういったトレンドをふまえながら、世界中では持続可能な社会のあり方を追究している。それは、地球温暖化や貧困などの克服に関する目標であるため、私たちの遠いところで起きているような錯覚をしていないだろうか。

　現実にはこういった課題は、世界が直面している形とは異なる形で、極端な人口減少が進もうとしている我が国にも襲いかかってくる。地球温暖化に伴う洪水が増えれば、私たちが河川流域に形成してきた都市の安全さは損なわれる。猛暑が続けば、栽培ができなくなる農産物が増加し、私たちの食糧調達に危機が到来する。すでに都市部と郊外や地方都市の間では、教育・医療・福祉サービスへのアクセスの格差が生じているが、この格差はますます拡大する。

　こういった課題に対して、これまでの私たちは限られた専門性のみに身を委ねながら正解を追究しようとしてきた。たとえば、都市計画学では土地利用などの規制は全体論の理屈を持ちつつも、場当たり的に地区レベルでの例外を許容し続けてきた。都市社会学では社会構造を過度にモデル化してしまうため、生活者一人ひとりの息遣いが見えにくくなることも多かった。結果として、社会が抱えた諸課題を解決できないまま、人口増加の

ピークを折り返し、到来することが予見できていた人口減少への対応策を持たないまま現在に至っている。

　そこで本書では、建築・土木学分野の都市計画学と社会学分野の都市社会学の双方の知識の修得に向け、それぞれの学問の基本的な考え方を網羅するとともに、現行の諸制度を紹介しながら、さらにその先にある持続可能な地域社会の構想をするための視座の獲得の一助となることを目指している。本書を最後まで読み解いていただければ、これらの学問が融合したその先に、持続可能な社会の未来がみえるはずである。


　第1章では、世界中が共通の目標としているパリ協定、SDGs、仙台防災枠組について紹介している。これらは世界の最末端に暮らす私たちをも包含する目標であり、地域社会の持続可能性を検討するうえで、もっとも尊重しなければならない目標である。

　第2章と第3章では、都市の成り立ちやコミュニティの構造について理解する。建築・土木学分野の初学者が扱う空間的な都市の成り立ちと、社会学分野の初学者が学ぶコミュニティの構造を横断的に理解することで、現代の社会構造がつぶさにみえてくるようになる。

　第4章では、古典的な都市や社会の閉鎖性が現代の社会では限界を迎えていることについて、弱い紐帯（Weak Tie）やソーシャル・キャピタルなどの概念とともに紹介していく。

　第5章と第6章では、都市政策、都市計画、交通計画、公共施設の再編のそれぞれについて、我が国の諸制度とその事例を紹介している。地方自治体ごとにその扱いがまちまちではあるが、先進的な取組みには持続可能な社会を実現するためのヒントが内包されている。

　第7章では、新しい地域社会の担い手や課題解決型のまちづくりの方向性について理解していく。併せて、まちなかの活性化の必要性について紹介している。

　第8章では、世界的に進んだ都市の郊外化の歴史に着目する。ソフトの

社会の成り立ち、ハードの都市空間の変遷の両面からみると、現代の郊外住宅地が抱える課題がみえてくる。

第9章では、安全安心をめぐる課題が多様化するなか、これらに対応している担い手、仕組み、その実践例について紹介している。激甚化する災害からの復興においても、コミュニティスケールでみていくと、その対応方法が明らかになってくる。

第10章では、公共性とは何かを理解しながら、私たち自身が社会の担い手であるべき理由を探求している。

私たちの社会が変容するにつれ、コミュニティの中心も移ろいゆく。第11章では、これからの時代において中心性を担う場所がどこであるか、それぞれの場所をめぐる最新の制度などとともに掘り当てていく。

第12章は、本書のまとめである。これまでに紹介した社会の成り立ちや現行の制度などをふまえつつ、持続可能な社会を構築するうえで不足している視点を補うことを狙っている。


本書は、建築・土木学や社会学の領域のみならず、地域創生を支える行政学、地域振興を担う経営学、地域の魅力を掘り起こす観光学など、地域社会を扱うすべての学問分野において活用していただけるものであると確信している。また、地域活性化などに奔走している行政職員やコンサルタント、NPOスタッフなど、あらゆる実務家にもお役立ていただきたい。

2024年5月
小地沢将之

# 目　次

# 第 1 章

# 住み続けられるまちを
# 目指す社会

# 1 世界共通の3つの目標

## なぜ世界の目標が大事なのか

　私たちは、社会集団に属している。その最小の単位は、家族である。現代では、家族の形態は非常に多様だ。かつての我が国では、三世代同居をはじめとする大家族が主流だったが、戦後の**高度経済成長期**には**核家族**化が進み、現代では高齢化社会の到来や子どもを持たないライフプランを背景とした二人暮らし世帯も多い。2020年の国勢調査では、2,115万人あまりが単独世帯、すなわち一人暮らし世帯であり、核家族に次いで多い。

　家族の暮らしは、集落を基盤とした地域社会の中にあり、その集落は市町村に属し、都道府県に属し、国家に属し、果ては地球の上の世界に属しており、私たちは世界の一員であることに気づかされる。

　大きさは異なれど、家族も集落も国家も**コミュニティ**である。コミュニティの詳しい定義については第2章で説明することとするが、大小のコミュニティのあり方を論じる際には、これらが属している最大のコミュニティである世界のことに目を向けなければならない。

　私たちの家族のルール、たとえば門限や鍵の置き場など家族で決めたルールは、世界には及ばない。一方で、世界のルール、たとえば児童労働を禁止する条約（正式名称「最悪の形態の児童労働の禁止及び撤廃のための即時の行動に関する条約」）には187か国が批准しており、これは家族で決めたルールよりも上位に位置付けられる。すなわち、世界人類の生活や世界の出来事は、高徳な人たちだけの関心事であってはならず、そのコミュニティに所属している一員である私たちも遵守し、関心を持たなければならないということになる。

　こういった理由から、私たちの身近なさまざまなスケールの**コミュニティ**のことを扱う本書では、まず世界が現在目指している方向性を共有する

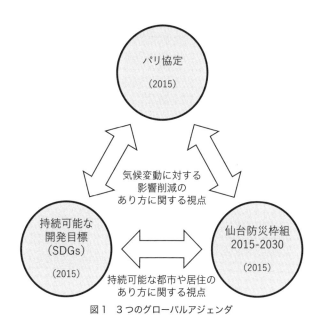

ことから始めたい。

　なお、世界が向かっていく方向は、その時々によって微修正が繰り返されている。今でこそ信じがたいが、国連の前身の国際連盟の時代には、アメリカ合衆国などの反対に遭い、人種差別の撤廃に関する提案が否決された歴史がある。その時々の正義は、それまでのコミュニティの価値観に依存してしまうことがその要因であると考えられている。

## 3つのグローバルアジェンダ

　本書では日本政府による呼称にならい、世界が目指す方向性のことを、**「グローバルアジェンダ」**（世界中の人々が実行すべき事柄）と呼ぶことにする。現在、3つのグローバルアジェンダが進行中である（図1）。いずれも、2015年に策定され、2030年を当面の目標年としている。それぞれの成り立ちの背景や中身について、次節以降でみていこう。

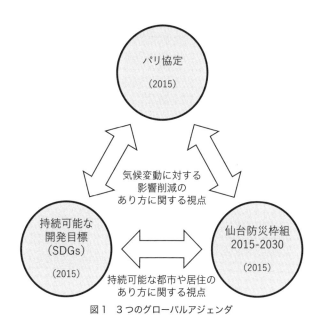

図1　3つのグローバルアジェンダ

# 2 温暖化を抑制する
## 1つめの目標：パリ協定

## 地球サミット

　**OECD（経済開発協力機構）** は、先進国間の自由な意見交換や情報交換を通じて、「経済成長」「貿易自由化」「途上国支援」に貢献することを目的として活動している。ヨーロッパ、北アメリカ、日本などの国々はいわば先進国であり、これら38か国がOECDの加盟国である。OECDの主たる活動は、まだ経済発展の途上にあるそのほかの国々を支援することにある。2023年時点の世界人口は約80億人だが、途上国の人口はそのうちの約84%を占めるといわれている。

　私たちが暮らす世界の諸課題は、先進国であろうと途上国であろうと、手を携えながらお互いに協力し合って解決の道筋を探らなければならない。しかしながら、先んじて経済的に豊かになった先進国と、後追いの途上国では、同じ目標を掲げ、同じ手法で課題解決に取り組もうとしても、不公平感があることが否めない。第二次世界大戦以降の世界は、このように豊かさのアンバランスがあることによって、足並みが揃わなかった。

　これを劇的に変える契機になったのが、1992年にブラジルのリオデジャネイロで行われた「**地球サミット**」（環境と開発に関する国際会議）だ。開催地にちなんで、「リオサミット」と呼ぶこともある。

　環境と開発に関する世界委員会が1987年に公表した報告書では、環境保全を考慮した節度ある開発を重視する考え方が新たに提唱された。この **「持続可能な開発（Sustainable Development）」** の考え方は、**地球サミット** において182か国もの参加のもと、**「環境と開発に関するリオ宣言」** として満場一致で採択され、行動計画である「アジェンダ21」にも盛り込まれた。先進国は引き続き経済的なリーダーシップを担いつつ、途上国の

これからの発展を否定しない道筋が誕生したのである。

## COP3 と京都議定書

　**地球サミット**では、気候変動に関する国際連合枠組条約も締結された。二酸化炭素をはじめとする温室効果ガスの排出量を 1990 年の水準に戻すことを目標とし、各国には具体的な取組み状況や温室効果ガスの排出量を **COP（国連気候変動枠組条約締約国会議）** に報告することを義務付けた。第 1 回の COP（COP1）は 1995 年にベルリンで開催され、これ以降、毎年開催されている[1]。

　京都で開かれた1997年の**COP3**では、6種類の**温室効果ガス**の削減を先進国に義務付ける「**京都議定書**」が採択された（**表1**）。温室効果ガスの排出量の計算にあたっては、実際の排出量から「吸収源対策」（森林による二酸化炭素の吸収・固定の大きさ）と「京都メカニズムクレジット」（他国におけるプロジェクトの実施により排出削減に寄与した大きさ）を差し引く

表 1　6 種類の温室効果ガスと京都議定書における削減目標

| 温室効果ガス | 削減基準年 | 目標達成期間 | 削減目標 |
|---|---|---|---|
| 二酸化炭素（$CO_2$） | 1990 年 | 2008 年 から 2012 年 | 先進国全体で 5.2%削減 |
| メタン（$CH_4$） | | | |
| 一酸化二窒素（亜酸化窒素／$N_2O$） | | | |
| ハイドロフルオロカーボン（HFCs） | 1990 年 あるいは 1995 年 | | |
| パーフルオロカーボン（PFCs） | | | |
| 六フッ化硫黄（$SF_6$） | | | |

図 2　京都議定書における温室効果ガスの排出量

こととされた（図2）。

　**京都議定書**においては、途上国における**温室効果ガス**の削減目標の設定は行われなかった。現在では経済成長が著しい中国やブラジルなども、当時はまだ十分な経済発展を遂げておらず、これらの国々の経済発展においては、温室効果ガスの排出量が増えると予想されていたためである。

　先進国では、国ごとに削減目標が設定され、我が国では1990年比でマイナス6％の削減目標が定められた。では、各国の温室効果ガス削減の取組みの成果はどうだっただろうか。

表2　2012年における温室効果ガスの削減結果

| | 当初の<br>削減目標 | 総排出量 | 京都<br>メカニズム<br>クレジット | 吸収源対策 | 最終的な<br>排出量 |
|---|---|---|---|---|---|
| EU | -8.0 | -11.8 | 0.7 | -1.4 | -12.5 |
| アメリカ合衆国 | -7.0 | 2.7 | （京都議定書からの離脱） | | （不明） |
| カナダ | -6.0 | 42.2 | | | （不明） |
| 日本 | -6.0 | 1.4 | -5.9 | -3.9 | -8.4 |
| ニュージーランド | 0.0 | 20.4 | -17.6 | -23.1 | -20.3 |
| ロシア | 0.0 | -32.7 | 1.9 | -3.6 | -34.5 |
| オーストラリア | 8.0 | -1.0 | 0.1 | 4.2 | 3.3 |

　表2には、代表的な国の当初の削減目標と、吸収源対策などを加味した最終的な排出量を示した。EU諸国では、当初のマイナス8％の目標に対して、実際の**温室効果ガス**の削減量はそれを大きく上回った。ソビエト連邦が崩壊した後の不景気に見舞われていたロシアも、期せずして大幅な削減を達成した。

　これに対し、我が国は温室効果ガスの排出が増えたが、吸収源対策などによりかろうじて削減目標を達成した。ニュージーランドでも、酪農の成長に伴って、特に反芻家畜[2]（はんすう）のゲップに含まれるメタンの排出が増大した

が、これを豊かな森林や諸外国での活動で相殺した。

　他方で、アメリカ合衆国やカナダでは、**京都議定書**からの離脱に至っている。両国では、今後もなお二酸化炭素などの排出の増大が見込まれている中で、それを押さえ込めるだけのコストの投入に大手企業からの反発が大きかった。加えて、途上国において削減目標が設定されなかったことに産業界からの不満が大きかった。

## COP15とコペンハーゲン合意

　UNEP（国際連合環境計画）とWMO（世界気象機関）が1988年に設立した**IPCC（気候変動に関する政府間パネル）**では、2007年に第4次報告書を公表した。この中では、高い経済成長を実現する社会の下では世界の地上気温は平均で約4℃上昇し、環境の保全と経済の発展が地球規模で両立する社会では気温上昇を約1.8℃に留めることができると評価した。**IPCC**は、地球規模の温暖化を世界中に知らしめた功績により、同年にノーベル平和賞を受賞している[3]。

　2009年の**COP15**では、**京都議定書**以降の**温室効果ガス**の削減の枠組みについて協議が行われた。この会議には、我が国の鳩山由紀夫首相に加え、京都議定書から離脱したアメリカ合衆国のバラク・オバマ大統領、京都議定書では削減目標が設定されなかった中国の温家宝首相など、さまざまな立場の115か国の首脳が集結したことが話題になった。

　ここで話し合われたのは、世界全体の長期目標として産業化以前と比較して気温上昇を2℃以内に押さえ込むことについてであり、2℃という数字は**IPCC**第4次報告書が根拠になっている。最終的に中国などの反発に遭い、正式な合意には至らなかったが、賛同する締約国のみが参加する形で「留意」事項としてまとめられた「**コペンハーゲン合意**」は、その後のパリ協定の議論の基礎となった。

# COP21 とパリ協定

　2015 年の **COP21** では、**COP15** よりもさらに多い 196 か国が参加し、立場の異なる諸国にとっての合意点を追求した。**コペンハーゲン合意**の内容を引き受ける形で締結に至った「**パリ協定**」では、各国が 2030 年までの目標を個別に設定できることとなり、その削減目標を 5 年ごとに更新しながら、実施状況を報告することとなった。また長期目標としては気温上昇範囲を 2℃までとしつつ、さらに 1.5℃に抑える努力を追求することとなった。各国の 2030 年までの目標は、表 3 の通りである。

表 3　パリ協定における各国の 2030 年までの温室効果ガス排出削減目標

|  | パリ協定締結時点の目標 | 2023 年時点の目標 |
|---|---|---|
| 日本 | -26%（2013 年比） | -46%（2013 年比） |
| アメリカ合衆国 | -26%〜-28%（2005 年比） | 同左 |
| EU | -40%（1990 年比） | 同左 |
| 中国 | -60%〜-65%<br>（2005 年比で GDP あたりの二酸化炭素） | 同左 |
| 韓国 | -37%（対策を講じなかった場合の 2030 年比） | 同左 |

　なお、アメリカ合衆国は 2017 年のトランプ大統領就任とともに、**パリ協定**からの離脱を表明し、2019 年に離脱したが、2021 年のバイデン大統領の就任と同時に復帰手続きを行った。

　また我が国では、当時の菅義偉首相が就任後初の所信表明演説で、2050 年に**温室効果ガス**を実質排出量ゼロとする**カーボンニュートラル**を表明し、当初の削減目標が大幅に修正された。

# 3 持続可能な社会をつくる
## 2つめの目標：SDGs

## 途上国における開発の目標

　先進国と途上国の間には、様々な格差がある。たとえば途上国では、人々は貧困や飢餓に苦しみ、乳幼児死亡率も非常に高い。初等教育を受けることができない子供たちも多く、女性の社会的地位も低いケースもある。エイズやマラリアなど、さまざまな疾病のまん延も進み、安全な飲料水を手に入れることも難しく、これらの面では途上国と先進国との間に大

表4　MDGsの8つのゴール

| ゴール | ターゲット（抜粋） |
|---|---|
| 1. 極度の貧困と飢餓の撲滅 | 1990年から2015年までに、1日1ドル未満で生活する人々の割合を半減させる。 |
| 2. 普遍的な初等教育の達成 | 2015年までに、すべての子どもたちが、男女の区別なく、初等教育の全課程を修了できるようにする。 |
| 3. ジェンダーの平等の推進と女性の地位向上 | できれば2005年までに初等・中等教育において、2015年までにすべての教育レベルで、男女格差を解消する。 |
| 4. 幼児死亡率の引き下げ | 1990年から2015年までに、5歳未満の幼児の死亡率を3分の2引き下げる。 |
| 5. 妊産婦の健康状態の改善 | 1990年から2015年までに、妊産婦の死亡率を4分の3引き下げる。 |
| 6. HIV/エイズ、マラリア、その他の疫病のまん延防止 | 2015年までに、HIV/エイズのまん延を阻止し、その後、減少させる。 |
| 7. 環境の持続可能性の確保 | 持続可能な開発の原則を各国の政策やプログラムに反映させ、環境資源の喪失を阻止し、回復を図る。 |
| 8. 開発のためのグローバル・パートナーシップの構築 | 開放的で、ルールに基づいた、予測可能でかつ差別のない貿易および金融システムのさらなる構築を推進する。 |

きな格差がある。

　途上国における持続可能な開発のあり方を考えようとすると、まずは格差の解消に向けた取組みが最優先であった。そこで、2000 年の「国連ミレニアムサミット」では、より安全で豊かな世界づくりへの協力を約束するための 21 世紀の国際社会の目標として、**MDGs（ミレニアム開発目標／Millennium Development Goals）** が採択された。

　ここでは、8 つのゴールと 21 のターゲットが設定された（表 4）。途上国において深刻である極度の貧困や飢餓の撲滅などを目標としており、この解決に向けて国連や各国が取り組んでいくこととされた。


## 誰ひとり取り残さない時代へ

　2015 年の国連サミットでは、持続可能な社会を実現するため、対象を先進国にも拡張した世界共通の目標である **SDGs（持続可能な開発目標／Sustainable Development Goals）** が採択された。先進国と途上国が一丸となって2030年までに達成すべきとされたのは、17のゴールと169のターゲットであり、「誰ひとり取り残さない」ことを目指している（表 5）。

　MDGs においては、国連や各国政府の役割に期待されていたが、**SDGs** ではこれに加え、企業や研究機関、市民社会などあらゆるアクターによる取組みが必要とされている。

　たとえばエネルギーをめぐる課題をみてみよう。2019 年時点で 8.4 億人が電力供給のない暮らしをしており、その多くはサハラ以南のアフリカや南アジアに集中している。また、世界人口の 4 割超にあたる約 30 億人が調理などにクリーンではないエネルギー（薪、石炭、木炭、動物の排せつ物）を利用している。他方で、全世界の**温室効果ガス**排出量の約 60％はエネルギー由来のものであり、クリーンなエネルギーにシフトすることは、先進国と途上国の共通課題であるといえる。そしてこれは、政府の努力でだけは達成できない。

表 5　SDGs の 17 つのゴール

| ゴール | ターゲット（抜粋） |
|---|---|
| 1. 貧困をなくそう | 2030 年までに、現在 1 日 1.25 ドル未満で生活する人々と定義されている極度の貧困をあらゆる場所で終わらせる。 |
| 2. 飢餓をゼロに | 2030 年までに、飢餓を撲滅し、すべての人々、特に貧困層および幼児を含む脆弱な立場にある人々が一年中安全かつ栄養のある食料を十分得られるようにする。 |
| 3. すべての人に健康と福祉を | 2030 年までに、世界の妊産婦の死亡率を出生 10 万人あたり 70 人未満に削減する。 |
| 4. 質の高い教育をみんなに | 2030 年までに、すべての子どもが男女の区別なく、適切かつ効果的な学習成果をもたらす、無償かつ公正で質の高い初等教育および中等教育を修了できるようにする。 |
| 5. ジェンダー平等を実現しよう | あらゆる場所におけるすべての女性および女児に対するあらゆる形態の差別を撤廃する。 |
| 6. 安全な水とトイレを世界中に | 2030 年までに、すべての人々の、安全で安価な飲料水の普遍的かつ平等なアクセスを達成する。 |
| 7. エネルギーをみんなに、そしてクリーンに | 2030 年までに、安価かつ信頼できる現代的エネルギーサービスへの普遍的アクセスを確保する。 |
| 8. 働きがいも経済成長も | 各国の状況に応じて、一人あたり経済成長率を持続させる。特に後発開発途上国は少なくとも年率 7% の成長率を保つ。 |
| 9. 産業と技術革新の基盤を作ろう | すべての人々に安価で公平なアクセスに重点を置いた経済発展と人間の福祉を支援するために、地域・越境インフラを含む質の高い、信頼でき、持続可能かつ強靱なインフラを開発する。 |
| 10. 人や国の不平等をなくそう | 2030 年までに、各国の所得下位 40% の所得成長率について、国内平均を上回る数値を漸進的に達成し、持続させる。 |
| 11. 住み続けられるまちづくりを | 2030 年までに、すべての人々の、適切、安全かつ安価な住宅および基本的サービスへのアクセスを確保し、スラムを改善する。 |
| 12. つくる責任、つかう責任 | 開発途上国の開発状況や能力を勘案しつつ、「持続可能な消費と生産に関する 10 年計画枠組み」4) を実施し、先進国主導の下、すべての国々が対策を講じる。 |
| 13. 気候変動に具体的な対策を | すべての国々において、気候関連災害や自然災害に対する強靱性および適応の能力を強化する。 |
| 14. 海の豊かさを守ろう | 2025 年までに、海洋ごみや富栄養化を含む、特に陸上活動による汚染など、あらゆる種類の海洋汚染を防止し、大幅に削減する。 |
| 15. 陸の豊かさも守ろう | 2020 年までに、国際協定の下での義務に則って、森林、湿地、山地および乾燥地をはじめとする陸域生態系と内陸淡水生態系およびそれらのサービスの保全、回復および持続可能な利用を確保する。 |
| 16. 平和と公正をすべての人に | あらゆる場所において、すべての形態の暴力および暴力に関連する死亡率を大幅に減少させる。 |
| 17. パートナーシップで目標を達成しよう | 課税および徴税能力の向上のため、開発途上国への国際的な支援なども通じて、国内資源の動員を強化する。 |

MDGsからSDGsへの移行は、先進国と途上国という二項対立的なものの見方から脱却し、多様で多面的で広域的な課題に対し、多くの主体の努力によって立ち向かううえでのパラダイムシフトの機会となっている。SDGsでは、社会・経済・環境の3つの側面が相互に関連し合っていることにも着目しており、5つのP「People」（人間）、「Prosperity」（豊かさ）、「Planet」（地球）、「Peace」（平和）、「Partnership」（協調）を尊重する考え方である。

# 4 災害に強い社会を実現する
## 3つめの目標：仙台防災枠組

## 未曾有の災害の多発

　地球上では、これまでも多くの災害に見舞われている。地震や津波、火山の噴火、サイクロンやハリケーンなど、その災害の種類は多様である。

　21世紀になってからでも、多くの災害が発生している。例えば、2004年にインドネシアのスマトラ島沖で発生した地震では、大きな津波が海岸に押し寄せ、22万人あまりの人が亡くなった。

　1994年に横浜市で開催された第1回**国連防災世界会議**の後には、防災戦略と持続可能な開発が連動することの重要性が指摘されるようになった。そのわずか半年後には**阪神・淡路大震災**が発生し、防災だけではなく、災害への**レジリエンス**（強靱さ）を重要視する減災にも注目が集まり始めた。

　2005年に神戸市で開催された第2回**国連防災世界会議**では、「持続可能な開発の取組みに減災の観点をより効果的に取り入れる」ことなどがうたわれた「**兵庫行動枠組**」の採択に至っている。

## よりよい復興へ

　2011年の**東日本大震災**では、我が国は再び大きな災害に見舞われた。この災害を契機に、災害の発生に伴って失われる人の命や社会的な損失を最小限に留めることの重要性にあらためて注目が集まった。2015年に仙台市で開かれた第3回**国連防災世界会議**では、**仙台防災枠組（Sendai Framework for Disaster Risk Reduction）** が国際的な防災指針として採択された。この指針では4つの優先行動と7つの評価指標（グローバル・ターゲット）が示されており、なかでも復旧ではなく復興を目指すことを基本方針とした「**Build Back Better（よりよい復興）**」に注目が集まった。

表6　仙台防災枠組の4つの優先行動

| 優先行動 | 評価指標（抜粋） |
|---|---|
| 1. 災害のリスクを理解し共有すること<br>2. 災害リスク管理を強化すること<br>3. 防災への投資を進め、レジリエンスを高めること<br>4. 災害に十分に備え、復興時には「Build Back Better」を実現すること | ・2030年までに災害による死亡者数を大幅に減らし、「2020年から2030年」の10万人あたり死亡率を「2005年から2015年まで」に比べ下げる<br>・2030年までに災害による被災者を大幅に減らし、「2020年から2030年」の10万人あたり被災者数を「2005年から2015年まで」に比べ下げる |

　第3回**国連防災世界会議**で当時の安倍晋三首相は、ホスト国の代表として次のように挨拶した。「日本が提唱する『**Build Back Better**』は、言葉は新しいのですが、我々が古くから取り組んできたことです。水害を例に申し上げれば、洪水被害を受けるたびに、治水計画を見直す、堰を強化する、排水路を整備する、防災教育を徹底するなどの『**Build Back Better**』を実践した結果、千人を超える死者数を出す洪水が頻発していた60年前に比べ、近年は百人を超える死者数の洪水は殆どありません」（原文ママ）。

一方で、途上国を中心とする諸外国では、災害の危険に曝されている人々が多い。これは気候変動による海面上昇や干ばつなどのリスクが年々大きくなっていたり、食糧不足などが災害発生後の暮らしに深刻なダメージをもたらしたりしていることなどが原因である。すなわち、災害への**レジリエンス**は、防災分野のみで解決できる問題ではなく、3つの**グローバルアジェンダ**にしたがった解決の取組みこそが重要であるといえる。

注釈・参考文献

1）2020年のCOP26は、新型コロナウイルスの感染拡大に伴い、翌2021年に延期された。

2）家畜化された草食動物のうち、複数の胃をもち、消化を助けるために反芻を行う動物のこと。ウシやヒツジなどが当てはまる。

3）IPCCとともに、アメリカ合衆国の元副大統領であるアル・ゴアもノーベル平和賞を受賞した。IPCCの第4次報告書、ゴアによるドキュメンタリー映画「不都合な真実」のいずれも、「人為的に起こる地球温暖化の認知を高めた」ことが受賞理由である。

4）持続可能な消費と生産のバランスを保つための方針を指し、2012年6月にリオデジャネイロで行われた「リオ+20」（国連持続可能な開発会議）で採択された。SDGsによってその目標が具体化されるに至った。

第 **2** 章

# 都市の成り立ち

# 1 都市の誕生

## 狩猟採集社会から農耕社会へ

　学習指導要領では、中学校に入学してまもなく、「四大文明」について習うことになっている。私たちは4つの文明の名前とセットで、大河の名前を暗記させられたはずである（図1）。当時は「大河の流域で古代文明が発生した」と学んだはずだが、これはまさに、都市の誕生の成果そのものである。

［メソポタミア文明］
ティグリス川
ユーフラテス川

［エジプト文明］
ナイル川

［中国文明］
黄河
長江

［インダス文明］
インダス川

図1　四大文明のおこり

　四大文明以前の人類は、主に狩りをしたり、木の実を拾ったりしながら、日々の食糧を手に入れていた。これを**狩猟採集社会**という。季節が変われば、より多くの食糧が手に入る地域へと移動して暮らしていたと考えられている。すなわちこの時代においては、ひとところに定住して生活することが難しかった。

　この生活を激変させたのが、農耕の開始である。種を蒔き、作物を育て

て、食糧を手に入れる方法を見つけ出したことをきっかけに、安定的に食糧が手に入る田畑のある場所に留まる**定住**生活が実現するようになった。これを**農耕革命**あるいは**農業革命**と呼ぶ。

　農耕によって食糧を手に入れるためには、家族や親族を基盤とした結び付きにより集団で取り組むことが効率的である。そこで、集団で定住する場として、集落が形成されていった。諸説あるが、農耕や定住の始まりは、1万年ないし1万2千年前の出来事であると考えられている。


## 政治と軍事と宗教

　ロンドンの大英博物館には、「**ウルのスタンダード**」と呼ばれる装飾品が収蔵されている。メソポタミア（かつてのシュメール）の古代都市であるウルから出土し、紀元前2600年ころのものだと考えられている。いまでもその用途は明らかになっていないが、高さ21.6cm、幅49.5cm、奥行4.5cmの貝殻などで装飾された箱には、当時の生活の2つの側面がはっきりと読み取れる。

　1つには、その都市には王や兵士がいて、戦争を行っていたこと、もう1つには、戦争で勝利した宴に、多くの人々が家畜に穀物などを載せて運んでいたことである。

　当時の人々は、豊かな水を得ることができ、かつミネラル分の豊富な肥沃な大地のある大河流域に定住した。共同体による農耕を基本とした生活は、豊かな川の流れとは不可分であったため、当然のことながら、水や土地をめぐって争いが生じた。

　この争いに勝つためには、集落を統率する政治力、外敵と戦うための軍事力が必要であった。さらに、洪水や干ばつなどの天変地異は当時の人々にとってみると神や悪魔による所業であったため、神と対話したり、得体の知れないものの怒りを鎮めたりするために、宗教が発達した。この怪しげな宗教の力を操ることによって、政治的な指導力をより強化することが

できたため、古代においては政治と宗教は一体的であったと考えられている。政治、軍事、宗教の３つの力を持った都市は、その集権の強さから、**都市国家**とも呼ばれている。


## 古代の都市国家

　都市は、周辺の都市を制圧しながら、拡大を続けた。都市は拡大することにより、支配下に収めた奴隷を使うことによって重労働であった食糧の自給自足から免れることができた。資源の採掘や物資の輸送においても、奴隷制は古代都市の発展に不可欠であった。

　古代の都市国家では、多数の建築物や構造物が建設された。古代エジプトのピラミッド、古代ギリシアのパルテノン神殿、古代ローマのコロッセオなどの権力者の象徴となる建築物、水道橋や港湾などのインフラ施設は、強国の証ともいえる。

　都市国家は、異質な他者を排除し、あるいは完全な統制下に収めることによって政権の転覆を防ぎ、拡大を続けた。このように、ウチには従順さを求め、ソトの価値観を受け入れない社会の構図は、現代に至るまで続いている。

　他方で、古代のウチの社会には公共的な社会の側面もみてとれる。古代ギリシアでは公共的な空間として**広場（アゴラ）**があり、商取引や集会の場として活用されていた。同様に古代ローマの**広場（フォルム）**でも、商取引や集会、政治活動や裁判などが行われていたという。


## 古代都市の終焉と自治の時代

　諸説あるが、ローマ帝国に起源のある西ローマ帝国は、5世紀末に消滅した。都市国家が肥大化しすぎて、支配するには過大であったと考えられている。古代都市の時代が終焉すると、中世のヨーロッパには封建制度か

ら脱却した市民が自治と自衛を行う「**自治都市**」が各地に登場した。

　中世のドイツでは、領主の権力が及ばない帝国直属の自治都市として「帝国都市」（あるいは「自由都市」）が繁栄した。中世のイタリアでは、教会の権力が強まったことと相まって、教会を中心とした自治都市「コムーネ（Comune）」が誕生した。同じころのフランスでは、市民の相互扶助を前提とした自治都市「コミューン（Commune）」が各地で成長した。コムーネもコミューンも、ラテン語の「Communis」を語源としており、この語は英語圏では「Community（共同体）」などの語源となっている。

　自治都市では、中心部に教会や寺院、広場や市場、公共施設などが配置され、その周辺には住宅が点在していた。これらは城壁に囲まれ、外部からは城門を経由しての出入りに限っていた。いわば「**城郭都市**」の形状をしている。

　自治都市では、商人や職人の**ギルド**（同業者組合）が誕生し、必ずしも自由な経済活動はできなかった。城壁の外側には広大な農地があったが、食糧供給においても自由競争が生まれにくかったと考えられている。ちなみに南フランスのカルカソンヌは、いまもなお中世の自治都市の姿を有していることから、ユネスコの世界遺産に登録されている（図2）。

図2　現在のカルカソンヌ（写真：Shutterstock）

# 日本の歴史町

　我が国では、古代から中世にかけて特徴的な都市の成り立ちがある。こ
こではこれらを「歴史町」と呼ぶことにする。古代の都市形態には、**都城、
国府、寺内町**、中世の都市形態には、**城下町、港町、門前町、宿場町、在
郷町**などがある（表1）。古くは、城壁や環濠により都市を守ってきたが、
戦乱の時代が終わると、ウチとソトの境界線には関所があるだけであり、
ヨーロッパの**自治都市**のように都市全体を守る構造はみられなくなった。
なお、歴史町では現代的な呼称と意味合いが異なるものもあるので、注意
されたい。

表1　おもな歴史町の分類

| 成立した時代 | 歴史町 | 概要 |
|---|---|---|
| 古代<br>（～11世紀中盤） | 都城 | 宮城を中心とした条坊制の都市 |
| | 国府 | 政庁を中心とした条坊制の都市 |
| | 寺内町 | 寺を中心とした環濠集落 |
| 中世<br>（11世紀後半～<br>16世紀後半） | 城下町 | 城郭（堀・城壁）を中心に形成され、その周辺に侍町・町人地・寺町を持つ都市 |
| | 港町 | 交易や水上交通の要所であり、関連産業も発達した都市 |
| | 門前町 | 寺社仏閣があり、その参拝客を相手にした商人町 |
| | 宿場町 | 本陣や旅籠、茶屋、商店などで構成された街道筋の町 |
| | 在郷町 | 農村部で商工業の発展によりできた町 |

# 産業革命による都市構造の変化

　**ル・コルビュジエ**（図3）はいまから約100年前、『**ユルバニスム**』[1]冒
頭の「ろばの道、人間の道」の一節において、理性や知性を持っている人
間と、あちらこちらしながら獣道を引いたろばを対比し、「ろばがヨーロッ
パ大陸の都市の道筋を引いた、不幸にもパリをも」と、規則性のない都市
を悲観した。産業革命以降の時代においては、自動車や鉄道による広域的

な輸送や移動が基本であり、機能的で効率的な都市を構想しようとすれば、人間の経験則に基づく必要があることをコルビュジエは訴えた。

コルビュジエは『ユルバニスム』を発表する3年前の1922年には、大量輸送の時代に対応できる都市計画の提案「**300万人のための現代都市**」を提案した。またグロピウスらの建築家とともに開催した**CIAM（近代建築国際会議）**の第4回会議（1933年）において

図3　ル・コルビュジエ（写真：オランダ国立公文書館／1964年撮影）

は、理想都市の提言として95条からなる「**アテネ憲章**」を採択し、後世の都市計画に大きな影響を与えた。アテネ憲章では、都市の機能として、「住む」「働く」「憩う」「移動する」の4つを挙げ、この観点から都市を構築するものとした。また都市は「太陽」「緑」「空間」を持つべきとした。

このように、産業革命を契機に輸送や移動の機能性が重視されるようになり、社会生活の範囲が広がったことから、結果として都市のウチとソトを隔てる境界線は薄れていった。

# 2　コミュニティの定義

## コミュニティとは何か

「**コミュニティ**」を辞書で引くと、「地域社会」という意味だとされる。ここに土着の意味を含むべきかどうかについては、後ほど説明するが、少な

くとも社会集団を表す語であることに違いない。

　しかしながら、特に若い世代においては、「コミュニティ」に「仲の良い人間関係」という意味があるように捉えているようだ。かつての社会集団は、選択する余地がなく、生まれながらにして決まってしまう土着なつながりであったのに対し、現代では同じ趣味や興味関心などを持つものどうしがつながることで形成される場合もある。こういった成り立ちの違いが、世代ごとの「コミュニティ」の捉え方の違いにつながっていると考えられる。

　では、これまで「コミュニティ」はどのように定義され、その定義はどのように変遷してきたか、みてみよう。


## コミュニティとアソシエーション

　**ロバート・モリソン・マッキーヴァー**（図4）は、1917年の著書『コミュニティ』において、2つの社会集団を定義した。

　1つは、一定地域に居住し、地縁や血縁によって結び付く自然的な契機を持ち、共通の諸要素を持つ社会集団である「**コミュニティ（共同体）**」である。前節で紹介した都市の成り立ちに通ずるものであり、家族や村落、国家などが当てはまる。

　もう1つは、一定の目的を実現するために人為的あるいは計画的につくられた社会集団である「**アソシエーション（結社）**」である。遊戯集団や学校、教会、企業、組合などがこれに該当する。


## ゲマインシャフトとゲゼルシャフト

　**フェルディナント・テンニース**（図5）は、1887年の著書『ゲマインシャフトとゲゼルシャフト』において、社会集団をはじめとする社会の諸作用は、人々の思考や意志によってもたらされると考えた。

図4　ロバート・モリソン・マッ
キーヴァー（写真：ミシガン大学出版
局／撮影年不明）

図5　フェルディナント・テンニ
ース（写真：プロイセン文化財団／
1915年ころ撮影）

　**「ゲマインシャフト」**は、実在的・有機的な生命体としてとらえることができ、地縁や血縁などに基づいた人間に本来備わる「本質意志」によって結び付いている関係であるとされている。

　一方で**「ゲゼルシャフト」**は、観念的・機械的な形成物であり、合理的で打算的、かつ後発的に形成された「選択意志」によって結び付いている関係である。ゲゼルシャフトは、人間に備わっている意志とは異なる特殊な社会的共感を有しているとの位置付けにある。

　テンニースは自著の中で、産業革命以降のゲゼルシャフト化が進む社会は、文化そのものの滅亡を意味するものとして、悲観した。

　1912年の改訂に際しては、テンニースは「ゲノッセンシャフト」の存在に言及している。ゲノッセンシャフトは同業者組合などにみられ、ゲゼルシャフト的な法的規範に依拠しているにもかかわらず、ゲマインシャフト的な共同労働を含んだ規範を有している。このことからテンニースは改訂本において、ゲマインシャフトの性質が損なわれていないゲノッセンシャフトへの期待を表明した。

## 社会集団の類型

　**マッキーヴァー**による社会集団の定義と**テンニース**による意志や関係性での視点での定義には、共通性があると多くの研究者が指摘している。

　またこれらに対応する類型化も多くなされている。社会学者の**レイ・オルデンバーグ**（図 6）は、1997 年の著書『The Great Good Place』で、「ファースト・プレイス」である家庭と「セカンド・プレイス」である職場のいずれとも異なる「**サード・プレイス**」こそ重要で、コミュニケーションの場だけではなく、社会的信頼を構築したり、民主主義の基盤となったりすることを指摘している。

　オルデンバーグのサード・プレイスは世界的に知られた類型であるが、これは我が国の社会学者である**磯村英一**（図 7）が 1959 年に提唱した「第

図6　レイ・オルデンバーグ(写真: 　　　図7　磯村英一
ウエストフロリダ大学／1998年撮影)　　(写真：東洋大学／撮影年不明)

表2　縁の諸類型 （出典：上野 [2] をもとに再構成）

| テンニース | ゲマインシャフト | ゲゼルシャフト | |
|---|---|---|---|
| マッキーヴァー | コミュニティ | アソシエーション | |
| 磯村英一 | 第一の空間 | 第二の空間 | 第三の空間 |
| 上野千鶴子 | 血縁 | 地縁 | 社縁 | 選択縁 |
| | （選べない縁） | | （選べる縁） |

三の空間」に由来すると考えられている。磯村は、生活の場と職場のどちらでもない匿名的で非拘束的な場として盛り場などを「**第三の空間**」とした。

　テンニース、マッキーヴァー、磯村の類型については、社会学者の**上野千鶴子**による分類を参照されたい（表2）。上野は、第三の空間は「**選べる縁**」であり、ほかのつながりとは異なるものと定義した。

## テーマ・コミュニティ

　マッキーヴァーによる**コミュニティ**は、土着なつながりを前提していたが、私たちの現代の暮らしでは、第三の空間を介して深い信頼関係が構築されるような新しい関係性が生まれている。共通の関心で結び付いているインターネット上のつながりにもこのような関係性がみられるし、第4章で解説する「**弱い紐帯**」や「**橋渡し型**の**ソーシャル・キャピタル**」も、**マッキーヴァー**の**アソシエーション**とは一線を画すものである。

　そこで、マッキーヴァーの定義する旧来的な土着の**コミュニティ**を「**ローカル・コミュニティ**」と呼び、これと区別するために、共通の関心事で緩やかに結び付いているコミュニティを「**テーマ・コミュニティ**」と呼ぶ場合がある。

# 3 コミュニティの同一化・同質化

## 同一化・同質化の歴史

　前節までで紹介したように、私たち人類は食糧を手にするために共同体

として田畑を耕し、生きるためのただ 1 つの意志として同一の行動を取っ
てきた歴史があり、これが都市の成り立ちそのものであった。すなわち、
古くからの**コミュニティ**は、敵対する者を排除し、構成員の行動規範を同
一化・同質化することで維持してきたといえる。仮に、その共同体の意志
に反する行為をはたらく者があれば、共同体にとっては排斥しなければな
らない存在であるし、裏切り行為を抑止するための見せしめとして「村八
分」が科されることもあった。

　大化の改新の「五保の制」では、5 世帯につき 1 世帯、保長を置き、相
互監視をしたり、協力しながら口分田の耕作を行ったりしていた。その後
も江戸時代までは五人組や十人組を組織させることで集落の治安を維持
し、また年貢納入では連帯責任が導入されるなど、裏切りを許さないただ
1 つの価値観に従わせることで社会の秩序を維持してきた。


## 同業種による同一化・同質化

　第 1 節では、中世ヨーロッパの**自治都市**では、商人や職人の**ギルド**が誕
生したことを紹介した。商人ギルドが販売や営業などに関する特権を独占
し、政治的な力を有していたことに不満を持った手工業者たちは、職業ご
とに同業ギルドを成長させていった。

　同業ギルドでは徒弟制度があったが、徒弟となるためには資格の認定が
必要であり、親方もまた同様であった。生産量にも規制があり、加入金も
必要で、営業権を排他的に独占する色合いが強かった。しかし中世の末期
になると、高い生産力を有した資本主義的な生産が主流となり、自由経済
の阻害となるギルドは衰退していった。

　我が国の中世の「座」もギルドと同様で、公家や寺社などの権力者との
結び付きを後ろ盾にしながら、仕入れや流通、販売などを独占してきた。
織田信長の「**楽市・楽座**」などにより、座による独占が排除され、市場取
引が自由化されていった。

　自らの技術を守ったり、生計を維持したりするために、同業種による組織は大きな役割を担っていた。しかし、排他性を伴う形で特権を守ろうとすると、社会全体としては不利益が大きくなるといえる。

## 生産のためのコミュニティの弊害

　ウチの構成員で支え合い、ソトの存在を敵対視することで、人類は発展を遂げてきた。これは、すべての構成員が単一の価値観に従順であることを正義とみなす社会構造であり、閉鎖性を伴っている。

　他方で、現代の社会は、多様化した価値観やライフスタイルを受容し合うことこそが重要で、包容力を備えた社会であることが理想である。そのためには、常に変容し続ける社会環境への対応力を備えていることも必要である。

　生産のための共同体がその技術の伝承や生産力の確保のために閉じた社会を構築することはあり得るかもしれないが、日常の暮らしにこの閉鎖性を持ち込むことは悲劇である。残念なことに、我が国の明治期以降の地域社会における**コミュニティ**は、生産のための組織の理論が持ち込まれている状況にある。このことについては、第3章で詳しくみていく。


# 4　共有する生活


## 所有権と入会権

　近代法における所有権は、**ジョン・ロック**（図8）によって確立された。ロックは1689年の著書『**統治二論**』において、保有することだけではな

図8　ジョン・ロック（肖像画：エルミタージュ美術館／ゴドフリー・ネラーにより1697年制作）

く、適切な労働をもって管理し続けることを所有権の条件とした。

　それまでの時代の所有は、所有者のない物を先に入手したかどうか、あるいは支配的に保有しているかで判断されてきたが、この考え方は水や土地を手に入れることが重要な条件であった都市の成り立ちと関係しているといえる。そのなかで、**コミュニティ**の構成員が共同で所有するということも当然起こり得た。

　我が国には「**入会権**」という共同所有の考え方がある。民法第263条には、各地の慣習に従うほか、民法上の共有物の扱いが適用されるという[3]。我が国の多くの地域に慣習として残る入会では、集落の共同体が共同で山林などの土地を共有する所有権の側面と併せて、山菜やキノコの採集、伐木、狩りなどの共同利用を認める物権の側面を有している。

　共同体の構成員が総出で所有し、管理し、そこから財を得ていく入会の考え方は、河川や湖沼の水を排他的に使用できるという慣行的な水利権の考え方や、排他性を伴う漁業権の考え方にも通じる。このように我が国では、ウチなる資源をウチの構成員のみで守り通すという慣習が強く残っている。

## 農地解放と結と講

　戦前までの日本では、地主が所有する農地で小作人が営農をし、地主は小作人から地代を徴収する方式がとられていた。戦後、**GHQ（連合国軍総司令部）**の指導のもと、日本の民主化が進められる過程で、搾取的な営農手法も非民主的なものであるとされ、地主の農地の所有権を小作人に移す

「**農地解放**（あるいは**農地改革**）」が行われた。

　田畑での作業は、我が国特有の急峻な地形も相まって、重労働であった。そこで田植えや稲刈りなどの作業は、集落総出で行う慣習が古くから存在しており、この慣習は現在も各地で残っている。多くの地域でこれを「**結**」と呼び、労働力だけではなく資材も融通し合っている。

　現代の結は、他者の所有物に対する労働さえも共同化することによって、集落の生産活動にほころびが生じないようにする相互扶助の精神に基づいている。自らの食糧、自らの収益にはつながらない労働にも、共同体の構成員として加わることが慣習として正当化されている。労働の交換を前提としない「**もやい**」の慣習が残っている地域もある。

　同様に、相互扶助の「**講**」の慣習も興味深い。もともとは宗教や祭祀と関係していた習わしであり、神仏などを信仰する者たちが出資する形で始まった。集落の共同体が信仰を支える主体となることも多かったことから、宗教や祭祀の慣習が相互扶助にも拡張されていったと考えられている。

　無尽講や頼母子講では、共同体の構成員で積立てを行い、抽選などにより一人が総取りできる仕組みである場合が多い。一部は賭博の習慣へと変容していくが、まとまった資金を集落内で融通できる仕組みとして残り続けた地域も多い。地域によっては、失火で家を失った世帯などに、講の積立金を渡すような習慣もあるという。

　富士講のように、富士山などの遠方の信仰の対象を参詣するために共同体で積立てをする習慣も各地にあり、現在も集落での慰安旅行の積立てを講と呼んでいる地域もある。

　以上のように、古くからの共同体では、土地だけではなく、労働や物品、生活資金に至るまで、共有したり、融通したりする習慣がある。

## 新生活運動

　冠婚葬祭もまた共同体による行事であったが、戦後の貧しい時期においてはかつてのような華々しい行事もできず、また都市部への人口の流出も進む中で以前のような相互扶助による行事も成り立ちにくくなっていた。

　1947年には政府が「新日本建設国民運動」を旗揚げし、勤労や友愛の精神、文化の振興や平和の推進など、7つの目標を掲げた。その1つとして「合理的・民主的な生活慣習の確立」がうたわれ、これが1955年の鳩山一郎内閣による「**新生活運動**」の提唱へと発展していく。

　時を同じくして、1947年に教育基本法が公布され、国や地方公共団体は**公民館**を整備し、**社会教育**を進めていくこととなった。1951年には社会教育主事を置いて社会教育を行うこと、1959年には社会教育主事の配置を必須とするなど、公民館の設置基準が詳細化されたため、地域の隅々まで生涯学習が行き渡るようになった。

　新生活運動では、冠婚葬祭の節約や簡素化もうたわれるようになり、各家庭で行われていた華美な婚礼や葬儀も、各地に整備された公民館に場所を移して簡素に行われるようになった（図9）。

図9　公民館で行われた結婚式（熊本県鹿本郡山本村（現・熊本市））（写真：熊本日日新聞／1954年撮影）

# 5 思想とコミュニティ

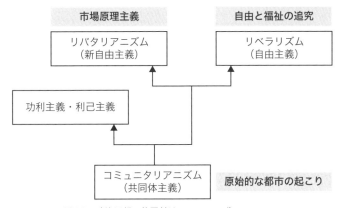

## 共同体を重視する思想

前節まで紹介してきた都市の成り立ちを振り返ると、ウチとソトの境界線が意識される。特にかつての都市では、共同体として同一の価値観を有することで自らの生活を守り、外敵から身を守ってきた。また、労働を含め、生活のさまざまな側面を共有してきた。

20世紀後半においてあらためて、「**コミュニタリアニズム（共同体主義）**」を基本とする政治思想の重要性が、**マイケル・サンデル**（図10）らによって主張されるようになっている。コミュニタリアニズムは、共同体による自治やその共同体にとっての善を重視することで、平等で公正な社会を追求する考え方である。コミュニタリアニズムにとっての批

図10　マイケル・サンデル
（写真：ハーバード大学／撮影年不明）

図11　政治思想の位置付け（出典：前野[4]をもとに作成）

市場原理主義　　　　　　自由と福祉の追究

リバタリアニズム（新自由主義）　　　リベラリズム（自由主義）

功利主義・利己主義

コミュニタリアニズム（共同体主義）　　原始的な都市の起こり

判対象は、自由を前提としながら福祉国家にみられるような平等な権利を志向する「**リベラリズム（自由主義）**」や、個人の自由を最大限に尊重する「**リバタリアニズム（新自由主義）**」である（図11）。

コミュニタリアニズムの欠点は、「**コミュニティ**の文脈の中で、解釈的な方法で決められていく『正義』の理論」[5] があることであり、その正義の遂行のためなら戦争すら正当化され得ることにある。これは、原始的な都市の成り立ちにみられる異質な他者を排除する考え方そのものである。

「**差異論的人種主義**」もまた、コミュニタリアニズム的思想に由来するものである。異質な他者や考え方はコミュニティ内に入り込ませるべきではないという考え方である。たとえば、「異なる人種の文化が自国に流入することによって古代より守られてきた伝統が損なわれてしまうので、遮断すべきだ」という主張がそれに当てはまる。アメリカ合衆国のトランプ元大統領のアメリカ第一主義はまさにそれで、メキシコからの移民を取り締まることを目的として国境に「トランプの壁」を建設するなど、差異論的人種主義論者としての立場が随所で国政に反映された。差異論的人種主義論者は自らの主張について、人種間に優劣の差異が存在していると考える差別的な人種主義とは異なるものだとしている。しかし、いずれもウチとソトに境界を引く考え方であることに違いはない。

世界中が大混乱に陥ったCOVID-19（新型コロナウイルス）によるパンデミックの初期には、地域外への移動を最小限に留めることによってウイルスのまん延を防ぐ措置がとられた。しかしながらここでも、自己防衛の策を超え、他県ナンバーの自家用車への投石などがみられたし、2021年1月には静岡県御殿場市が市内の飲食店に「一見さんお断り」と書いたポスターを配布する[6] など、ソトの人たちを異質な他者とみなす動きが存在していた。

私たちはなぜ、「閉じた社会」を理想とするのか。引き続き、第3章でみていきたい。

注釈・参考文献

1）ル・コルビュジェ（樋口清 訳）:『ユルバニスム』, 鹿島出版会, 1967, pp.18-19（原著：Le Corbusier：『Urbanisme』, Paris, G.Crès, 1925)

2）上野千鶴子：選べる縁・選べない縁,『日本人の人間関係』（栗田靖之 編）, ドメス出版, 1987, p.229

3）民法第 294 条においては、共有の性質を有しない入会権については、地役権に従うことも定められているが、稀なケースであると考えられている。

4）前野隆司：『協創とシステム』, 慶應 SDM 公開講座 白熱対談「公共哲学×システムデザイン・マネジメント コミュニタリアニズムと協創」配布資料, 2013

5）小林正弥：地球的コミュニタリアニズムに向けて ─ウォルツァー正戦論を超えて─,『コミュニティ』（広井良典, 小林正弥 編著）, 勁草書房, 2010, p.40

6）NHK による報道（2021 年 1 月 12 日）など。

# ため池は誰が所有するべきか

　我が国には 15 万か所を超えるため池が存在しており、その多くは農業用ため池である。ため池の多くは営農のための水源として、江戸時代につくられたものであるという。これらはもともと、地元の共同体による入会権が設定されていたことが予想されるが、現在では所有者が判然としないものが全体の 3 割に上るという。

　ため池が築造されてから長い年月が経ち、所有者が不明であるものが多いなか、頻発する集中豪雨や大規模な地震に伴って、ため池の決壊による洪水被害の発生が心配されている。そこで、2019 年には通称「ため池管理保全法」が施行され、一定要件を満たす防災重点農業用ため池では、都道府県がため池の決壊を想定したハザードマップを作成することとなった。

　とはいえ、老朽化したため池の決壊は、いつ起こるかわからない。東日本大震災では、藤沼湖（福島県須賀川市）が決壊し、家屋 19 個が流失・全壊し、死者 7 名、行方不明者 1 名を出した。こういった事実をふまえると、社会基盤の一部を特定のコミュニティが所有したり管理したりすることが、災害への脆弱さに直結する可能性があるといえる。

## 考えてみよう
　ため池の所有や管理を共同体任せにしてしまうことの弊害には、どのようなものがあるだろうか。ため池の所有権を地方公共団体や国に移す場合、その維持費は税金から拠出することが適切だろうか。

第 **3** 章

コミュニティの単位

# 1 統治のための「閉じた社会」

## 自然村と行政村

　第2章では、都市の成り立ちについて紹介した。ここで紹介した古代の原始的な都市のように、地縁や血縁によって寄り集まった共同体の単位のことを「**自然村**」と呼ぶ。これに対し、行政上の目的で形成された自治の単位を「**行政村**」と呼ぶ。

　行政村では、人為的な集権の単位をつくることで、戸籍、課税、教育、郵便などを共通化することが可能になった。我が国では行政の単位をつくるために、**市制・町村制**が1888（明治21）年に公布され、翌1889（明治22）年に施行された。このとき、1つの村に小学校を1校置くこととし、約300戸から500戸が町村の標準規模として合併が進められた。いわゆる「**明治の大合併**」である。

　この当時においては、市は町村とは別格の存在で、市長や助役、議員の中から選挙される10名によって組織される参事会を置き、市会（当時の市議会に相当）から委任を受けた事項などの議決権を有していた。町と村には参事会がないことに加え、町は「商民の市街」に由来し、村は「農民の部落」に由来するとの違いしかなく、町と村は、制度上は同じものとさ

表1　市・町・村の成立要件

| | 要件 |
|---|---|
| 市 | ①人口5万人以上<br>②中心市街地の戸数が全戸数の6割以上<br>③第2次・第3次産業に従事する者とその同一世帯員が全人口の6割以上<br>④都道府県条例で定める都市的要件を満たしていること |
| 町 | 都道府県条例で定める町の要件を満たしていること |
| 村 | なし |

れた。なお、現代における市・町・村の違いは、**表1**の通りである。

　我が国における地域の圏域や規模を理解する上で、小学校区が1つの単位として扱われたことは非常に興味深い。この章の第3節では、現代の住宅地の設計においても小学校区が意識されていることを紹介する。また、少子高齢化が進む現代におけるコミュニティの中心性を考えるにあたって、小学校区という単位が妥当性を欠き始めてきていることについては、第11章で取り上げたい。

## 繰り返される市町村合併

　明治から現代にかけて、市区町村数は激減した（**表2**）。**「昭和の大合併」**では、「町村はおおむね、8000人以上の住民を有するのを標準」とすることで、行政事務の能率化を目的とした規模の合理化が進められた。**「平成の大合併」**では、人口減少や少子高齢化などの社会情勢の変化をふまえつつ、地方分権時代の担い手としての行財政基盤の確立が目指された。いずれも、かつての自然村をはるかに超える規模で、市町村の合体や編入が進

表2　市区町村数の変遷

| 年 | 出来事 | | 市区町村数 |
|---|---|---|---|
| 1888（明治21） | 市制・町村制 公布 | 明治の大合併 | 71,314 |
| 1889（明治22） | 市制・町村制 施行 | | 15,820 |
| 1947（昭和22） | 地方自治法 公布・施行 | 特別区の導入 | 10,505 |
| 1953（昭和28） | 町村合併促進法 公布・施行 | 昭和の大合併 | 9,868 |
| 1956（昭和31） | 町村合併促進法 失効 | | 3,975 |
| 2004（平成16） | 市町村合併特例法 公布 | 平成の大合併 | 3,100 |
| 2005（平成17） | 市町村合併特例法 施行 | | 2,395 |
| 2006（平成18） | 市町村合併特例法 失効 | | 1,820 |
| 2023（令和5） | | | 1,718 |

められていった。

　自家用車への依存度が高くなると、都市の成り立ちの由来が異なる複数の市町村が境界を越えて連坦し、1つの生活圏や経済圏を形成する「**コナベーション**」もみられるようになり、これを起因とした合併もみられている。農村集落を由来とした都市の一部がベッドタウン化し、農村部を巻き込む形で合併に至ったケース（仙台市など）や、人口規模がほぼ同じだった都市を含め、生活圏を共有する自治体とともに合併に至ったケース（さいたま市など）がある。


## 市町村合併とアイデンティティ

　現在のように肥大化していない以前の旧市町村では、集落の代表者を議員として議会に送り込むような習慣があった。身近な代弁者たる議員が市町村の政治に関与することで、集落の利益を守り、あるいは集落の不利益を排除してきた。その意味においては、合併以前の旧市町村には自然村時代の小さな圏域のアイデンティティを堅持する方法が残っていた。

　市町村合併によってこの慣習が損なわれることが危惧されたため、平成の大合併では、合併特例法などに基づき、**地域自治区**や**合併特例区**を設置

表3　地域自治区・合併特例区の主な特徴

| | 地域自治区 | | 合併特例区 | 地域審議会 |
|---|---|---|---|---|
| | 一般制度 | 特例制度 | | |
| 根拠法 | 自治法 | 合併特例法 | 合併特例法 | 合併特例法 |
| 法人格 | なし | なし | あり | なし |
| 設置期間 | なし | 合併後一定期間（協議による） | 5年以内 | 合併後一定期間（協議による） |
| 組織の長 | 事務吏員 | 市長が選任 | 市長が選任 | ― |
| 構成員 | 市長が選任 | 市長が選任 | 市長が選任 | 協議により選任 |

することが可能であった。旧市町村名を区名に残したり、区長を置いたりすることにより、新市においても合併前に近い圏域性を維持することができた。それぞれ地域自治組織を置き、選任された構成員により、市長からの諮問事項を協議することが行われたため、地域の声を直接的に市政に届けることが可能だった（表3）。

　秋田県横手市は2005年の合併に際し、旧横手市を一般制度の**地域自治区**に、その他の7町村を特例制度の地域自治区とし、さらに**地域審議会**に相当する地域協議会・地域局を8地区に置いた。さらにおおむね小学校単位の36地区に地区会議を設置することで、ツリー状の行政機構がつくり出された。

　2006年に合併した岩手県奥州市は、特例制度の**地域自治区**を採用し、2016年には議員発議によりその期間を2年延長していたが、2018年に地域自治区を廃止した。廃止に際しても市議会での賛否は拮抗した。その後は、市政への提言や地域住民による自主的な活動の推進役となる新たな組織として、市長が委嘱した委員による地域会議を設置している。2016年の市の意見では、「基礎自治体として一体感や統一感のある市政運営を重視」することを**地域自治区**の廃止の理由として挙げており、奥州市では多様性よりも統治機構としてのまとまり感を重視する考え方がみてとれる。

　横手市と奥州市では手法が異なるが、最終的にはひとまとまりの統治機構へとつながっており、**コミュニタリアニズム**的な思想に通底している。

# 2 町内会の登場

## 戦時中の町内会

　1937年に始まった日中戦争が長期化するなか、国は国民を総動員するための組織を行政機構に組み込む必要が生じた。そこで内務省は、1940年に「部落会町内会等整備要領」（内務省訓令第17号）を通達した。これは制度としては法律と異なるが、一般に「**隣組強化法**」として知られている。

　内務省の記録によると、隣組強化法の通達の前年には、**町内会**などの市部での組織率は73％、町村部では89％に留まっていた。隣組強化法では町内会などを隣保団結の精神に基づく組織と位置付け、すべての国民を構成員とすべく、村落には部落会を、市部では町内会を組織し、市町村行政の補助的下部組織に位置付けた。部落会長や町内会長の選任にあたっては、住民の意向のみならず、市町村長の意向が反映されることも求めた。

　これらには従属組織として、おおむね10世帯単位の**隣組**（隣保班）も置かれた。隣組では、相互監視や思想統制、配給、防空や防火などを担っていた。1942年には、町内会や部落会、隣組に大政翼賛会の世話役や世話人を置くことが閣議決定された。以上のように、町内会などは実質的に国民を総動員した戦時体制の一部として位置付けられていった。

　なお、後にも先にも、町内会への加入を強制する制度は、我が国では隣組強化法のみである。


## 民主化に伴う町内会の廃止

　戦時中の**町内会**は、戦争遂行のための非民主的な組織であった。このため終戦後には、我が国の民主化が進められる過程で、**GHQ**の指導に基づいて**ポツダム政令**第15号「町内会部落会又はその連合会等に関する解散、

就職禁止その他の行為の制限に関する件」が発せられ、**隣組**や町内会は
1947年に廃止されることになった。

1952年、日本と連合国諸国との平和条約である**サンフランシスコ講和条約**が締結されると、前述の政令は失効し、事実上、町内会が解禁された。

なお、1942年につくられた町内会やそれに準じる組織が戦後に廃止されずに、そのまま現在まで残っているケースも全国各地で多数あることが知られている。

## 高度経済成長期以降の町内会

戦後、我が国では食糧も仕事もない苦しい生活が続く。1950年代から1960年代の**高度経済成長期**においては、農村部や地方都市から三大都市圏への急激な人口移動も生じた。高度経済成長期の終わりまでは毎年、国民の8%ほどが居住地を移動し、その半数は都道府県外に移動していることは驚きである（図1）。当初は地方から大都市への移動だったが、1970年代には公害や通勤難などの都市問題が深刻化したため、大都市から地方へのＵターンが急増していった。

ところで、農村部から都市部への人口流出は、農村での担い手不足や後

図1　人口移動率（出典：総務省[1]より作成）

継者不足に直結した。古くからの農村集落では非農家も増えていったため、新たな関係性を構築するために、営農組織の色合いが濃かった共同体とは異なる町内会の枠組が重要となった。一方、都市部では、地域的なつながりがない人たちによる新たな住宅地が形成されたため、**コミュニティ**の形成において町内会の結成が不可欠であった。

さらに、企業による公害問題や都市化が進められる上での土地収用などの諸課題に、地域住民がまとまって対抗するためにも町内会は重要な役割を担った。戦時中からの垂直的な自治体との関係性を活用することで、自治体の広報誌の配布、ごみ集積所の管理、自治体による意見の聴取や自治体への陳情など、町内会は多くの役割を担っていくことになった。

## 現在の町内会

1995 年に発生した兵庫県南部地震では、神戸市などを震度 7 の地震が襲った。建物の倒壊や火災の発生などにより、多くの死傷者を出した**阪神・淡路大震災**として知られている。冬の早朝の災害であり、倒壊した家屋の下などから消防や警察、自衛隊によって救出されたのは 7,900 人ほどであ

図 2　御蔵小学校（神戸市長田区）での避難のようす（写真：神戸市／ 1995 年 1 月 21 日撮影）

った一方で、27,100人ほどの被災者はこれら以外の主体により救出されたとの推計がある[2]。また、直後から住民らによる炊出しも行われるなど、この災害をきっかけに災害時の「**共助**」の重要性が広く知られ、**町内会**の役割の1つに防災が加わる形となった（図2）。なお、災害対策基本法では、「住民の隣保協同の精神に基づく自発的な防災組織」として「**自主防災組織**」などによる自発的な防災活動が重視されている。全国には16万団体を超える自主防災組織があるが、この大半は町内会などの地縁組織を充てていると考えられている。

　このほかにも、農村的な共同体の時代から続く草刈りや鳥獣の駆除、小学校を村の単位としていたことに由来する運動会や文化祭、近年では防犯パトロールや高齢者の見守りなど、町内会の役割は多岐にわたるようになっており、その過剰な負担の大きさが問題視されるようにもなっている。

　また、町内会費や共同募金、社会福祉協議会の会費など、いわゆる税外負担と呼ばれる金銭の負担が過大な地域もある。筆者の知るところでは、年間の総額で1世帯当たり5万円を超える税外負担を徴収している集落もある。これらの集金を町内会が担い、募金でさえも一律に全世帯が同額を支払うルールがある集落も多い。


## 法律上の町内会の位置付け

　一部の自治体では、町内会への加入は義務であるかのような喧伝をしているが、前述までの通り、町内会への加入を強制する法律は我が国には存在しない。

　県営住宅の自治会からの退会の是非が争われた裁判では、自治会が強制加入団体ではないこと、自治会の設立の目的が親睦や生活環境の維持管理、相互の助け合いなどを目的としていることなどを理由に、自治会に対する一方的な意思表示のみで退会することができるとの最高裁判所の判決が2005年に下っている[3]。

また、ある中山間地域では、お盆の行事への全世帯の強制参加ルールに異を唱えた住民らが集落の有力者に反発したところ、**入会地への入山制限**やごみ集積所の使用禁止を科される出来事が起きた。「**村八分訴訟**」として知られるこの裁判は高等裁判所まで争われたが、2009 年の高裁判決では一審に続き、有力者の違法行為を認定した。

　以上のように、**町内会**には強制加入させることもできないし、その会員らに義務的な行為を科すことも村八分に処すこともできないが、その後も各地で頻繁に同様の出来事が起きている。なかには、町内会からの退会をめぐったトラブルに対して、「抜けるか抜けないかは民と民の問題」4) として自治体が介入することを避けるケースもみられる。自治体は町内会に公共サービスの一部を担わせている側面もあり、町内会に過度に依存した公共領域のあり方がいま、問われているともいえる。


## マンション管理組合と町内会

　**高度経済成長期**の後半からは、**公団住宅**の分譲と併せて、都市部を中心に分譲**マンション**の建設が増えてきた。分譲マンションへの居住は、我が国特有の持ち家志向の充足と、近隣関係の煩わしさからの回避の双方を兼ね備えており、その数は右肩上がりで増加している。2022 年末時点で、その数は 694 万戸あまりで、国の推計では国民の 1 割超が分譲マンションに居住している状況である。

　1962 年公布、翌年施行の「**区分所有法(建物の区分所有等に関する法律)**」では、分譲マンションの所有関係や建物・敷地の共同管理について定めており、居住者らはマンションの管理を行うために、**管理組合**を設立することが一般的である。国土交通省が示している「マンション標準管理規約(単棟型)」では、当初、**管理組合**の業務の 1 つとして「地域**コミュニティ**にも配慮した居住者間のコミュニティ形成」を掲げていたため、管理組合がマンションにとっての**町内会**の役割を果たしていた時期が長く続いた。ま

た、管理費の使途として「地域コミュニティにも配慮した居住者間のコミュニティ形成に要する費用」も適切であるとされていたため、管理費は親睦などの費用に充てられることも一般的であった。

　しかしながら前掲したように、自治会からの退会は自由であるとの最高裁判決を受け、2016年にこれらの項目が標準管理規約から削除され、加えて、管理費からマンションの管理に関わらないサークル活動経費や親睦経費を支出することは適切ではない旨がコメントとして明記された。これを受け、近年では資産管理のためのマンション管理組合とは分離する形で、親睦や地域活動のための町内会もマンション住民によって設立されるようになってきている。

# 3 郊外に広がる社会

## ニュータウンの建設

　戦後、農村部から都市部への大きな人口移動があったことは前節で述べたが、大半は就業のための転居であった。明治時代からの産業であり、我が国の**高度経済成長期**の経済発展に寄与した重工業（鉄鋼業や非鉄金属製造業、セメントなどの窯業・土石製品製造業、造船業など）が立地する古くからの都市圏が人口の受け皿を担った。

　これらの産業が立地している都市部の近郊では、住宅不足が深刻化し、戦後のピークではその数は271万戸に上ったともいわれている。そこで、住まいに困窮する地域において住宅や宅地を供給することを目的に、1955年に日本住宅公団が設立された。第1号の**公団住宅**として1956年に竣工した大阪府堺市の金岡団地（30棟900戸）を皮切りに、多数の住宅が供給

された。

　大阪府吹田市と豊中市にまたがる**千里ニュータウン**は大阪府企業局による開発で、1961 年に起工し、翌年にまちびらきが行われた。開発面積は1,160ha、計画人口は 15 万人に上った。複数の鉄道会社が一帯に乗り入れ、1970 年には近傍で大阪万博が開催されるなど、世界的にも注目を浴びた大規模ニュータウンであった。

　千里ニュータウンは、**クラレンス・ペリー**（図 3）による「**近隣住区論**」を参照しており、1924 年に発表されたこの理論は、我が国の多くのニュータウン開発に影響を与えた。

　近隣住区論では、当時の機能主義的な近代都市計画理論とは一線を画し、人間的なスケール感のある都市空間の必要性を説いていた。コミュニティの規模を設定していることも特徴で、半径 400m に 5,000 〜 6,000 人が居住することを想定した。教会やコミュニティセンター、小学校、公園、商店街などを配置し、周囲には幹線道路を設ける一方で、住区内は**クルドサック**（袋小路）とし、通過交通を排除する**歩車分離**を目指した（図 4）。千里ニュータウンは 12 の近隣住区とそれを束ねた 3 つの地区からなるが、近隣住区の構成は、マーケット、小学校、集会所などから成り、ペリーの近隣住区に極めて似ている（図 5）。

　我が国では、**市制・町村制**において 1 つの村に 1 つの小学校を置くこととし、**昭和の大合併**では 8,000 人を町村の規模の最小単位としていたが、これらが近隣住区論で想定している集落や人口の規模に似通っていたこともあり、**ペリー**の理論は我が国で受け入れられやすかった。

図 3　クラレンス・ペリー
（撮影者・撮影年不明）

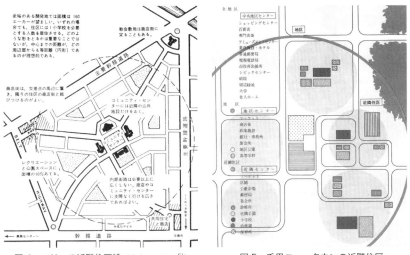

図4 ペリーの近隣住区論（出典：ペリー[5]）

図5 千里ニュータウンの近隣住区
（出典：大阪府千里センター[6]）

## 核家族化と住宅

　我が国の核家族化は、先述の大規模な人口移動とともに進んだ。間借り
などの世帯数を除くと、核家族数は統計のある 1920 年の 615 万世帯から、
戦後の 1955 年には 1,037 万世帯へと急増している（図6）。戦後の住宅難
は、人口移動によるものだけではなく、小さな家族が増えたことによるも
のだった。

　この住宅難に対応するためには、国は大量に公営住宅を供給しなければ
ならなかった。木造による供給のほうがコスト面においても合理的であっ
たが、都市の不燃化を果たす観点から、鉄筋コンクリート造の住宅の供給
について検討が進められた。国の戦災復興院が主導する形で計画された東
京都営高輪アパートは、面積を最小に抑えた鉄筋コンクリート造でつくら
れ、終戦から 3 年足らずで竣工した。

　公営住宅の標準設計の間取りは改良が進められた。1951 年には、「**51C
型**」（1951 年の C タイプの意）の間取りが開発され、これ以降、**公団住宅**
として供給される住宅の間取りとして多く採用された。51C 型は**西山夘三**

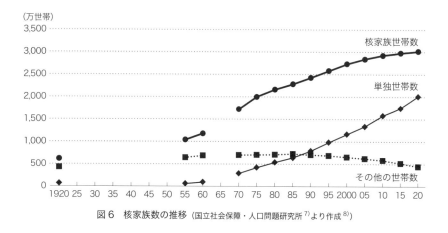

（万世帯）

図6　核家族数の推移（国立社会保障・人口問題研究所[7]より作成[8]）

による「食寝の分離」と「親子の就寝空間の分離」を重視する理論を反映
した2DKの間取り（図7）であり、我が国のダイニングキッチン（DK）
やリビングダイニングキッチン（LDK）の間取りの先駆けとなった。

　ところで、戦後まもなくから、アメリカ合衆国の人々の暮らしぶりは豊
かさの象徴であった。我が国では1953年にテレビの本放送が始まり、街
頭テレビやテレビのある家庭に人々が集まり、テレビを視聴する習慣が根
付いていった。スポーツ中継に人気があった一方で、アメリカ合衆国のホー
ムドラマは当時の日本人にとっては新鮮であった。食卓にはダイニング
テーブルがあり、日本のちゃぶ台のように食後に片付けられることもなか
った。子どもたちは自室を持ち、食事空間とは別の就寝空間を持ってい
た。このようなテレビで観たホームドラマの生活は、日本人のあこがれの
姿となった。**51C型**はまさに「食寝の分離」と「親子の就寝空間の分離」
によって、ホームドラマの世界を現実のものとしていたため、核家族化が
始まった我が国において、公団住宅での暮らしは中流階級の新たな子育て
像として定着していった。

　低所得者向けの公営住宅とは異なり、**公団住宅**は労働者にとっての希望
に満ちた暮らしだった。**ゲマインシャフト**的な共同体が中心だった社会か

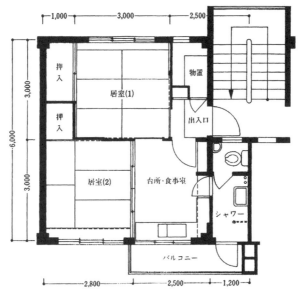

図7　51C 型の間取り例 （東京大学吉武泰水研究室が考案した 51C-N）（出典：鈴木 [9]）

ら、住む場所を選択した人たちによる**ゲゼルシャフト**的な暮らしの始まり
でもあった。ここでも、出自が異なる人たちの暮らしをつなぎ合わせたの
は、**町内会**だった。国民の間には、農村集落における共同体や戦時中の町
内会の経験があったことから、町内会として総参加型の共同体が公団住宅
にも生み出されていくことには、大きな違和感がないまま受け止められて
いった。

# 4 防犯のための「閉じた社会」

## 地域の目

　戦後の混乱期には、犯罪が急増した。この状況への対応のため、各自治体には防犯協会が設立された。他方で、**GHQ** によって解体されたはずの**町内会**は、防犯協会を名乗る形で存続したケースもあると伝えられている。

　現在では、小学校区単位などで地区防犯協会が設立され、その下部で町内会や防犯ボランティアが啓発活動や夜間パトロール活動などを行っている。犯罪の芽を事前に摘むことを目指したこのような活動は、町内会や自治体などの共同体単位によって「地域の目」として集団的に取り組むことが効果的であると考えられている。

　23 人が死傷した 2001 年の大阪教育大学附属池田小学校事件などを契機に、身近な地域社会での犯罪への不安は一段と高まりをみせていった。監視カメラが街中にあふれ、自警団が登場するなど、市民社会が警察化する状況を建築史家の**五十嵐太郎**は『**過防備都市**』化と称し、「常に他者を疑う、荒んだ風景」に疑問を呈した[10]。

　異質な他者を見つけることを重要視するアプローチは、古典的な共同体の考え方となんら異ならない。結果的には、ウチの構成員よりも、見知らぬソトの人間は信用ならない、という単純な排除の構図に収斂してしまう。

## ゲーテッド・コミュニティ

　ウチとソトを隔てて守る都市構造は、中世ヨーロッパの**自治都市**にみら

図8　ゲーテッド・コミュニティ（エクアドル／グアヤキル）（写真：iStock/Michael Muller）

れたものだが、城壁や城門で生活空間を囲って守るようなことは、現代でも行われている。

　アメリカ合衆国をはじめ、中南米や東南アジアなど、世界各地で周囲を高い塀などで囲む住宅地が建設されており、これらは「**ゲーテッド・コミュニティ**」と呼ばれている（図8）。所得格差が大きい都市において、高所得者向けの郊外住宅地などで導入されることが多く、地区の内部への入り口の警備を強化することにより、住民以外の侵入を防ぎ、治安を維持できるという考えに基づいている。

　我が国でも、敷地内への立入りを制限する価格帯の高い分譲**マンション**はいくつかみられるし、オートロック型のマンションそのものがゲーテッド・コミュニティであると定義する場合もある。

　だが、ソトの人間を危険なものとして排除し、ウチの構成員に全幅の信頼を置くという考え方は、やはり古き共同体の考え方に通じてしまう。


## 閉じて守ることの限界

　不思議なことに、平家の落人の伝説は全国各地にある。平家の落人は、

深い山の中や谷あい、離島など、人目につきにくい場所に集落を築いたといわれている。筆者が取材したある中山間地の集落も平家の落人にルーツがあるとされているそうで、集落が他人に見つかってしまわぬよう、「犬を飼ってはならない」という慣習が続いていた。さらには、住民どうしで「けんかをしてはならない」という慣習も守り続けられている。ウチの世界をソトの世界と隔絶し、ウチの構成員は集落のルールに従順であることによって、たしかにその集落は800年以上も続くことができた。しかし、閉じて守ることは、現代の社会において適切であろうか。

第2章では、新型コロナウイルスの感染拡大期に、ソトの人たちを異質な他者とみなし、地域内での衛生環境を守ろうとした事例について言及したが、このような形でウチとソトの境界を引き、閉じて守ろうとするケースはほかにもみられる。

例として、近年全国的に盛んになっている**移住**をめぐるトラブルが挙げられるだろう。移住者にとっては、都会暮らしとは異なった農山漁村の環境を享受しながら、緩やかな時間を過ごしたいという意向がみられる。働く場はリモートワークで、休日は里山暮らしを満喫する、あるいは自給自足の暮らしを想定している移住者もいるだろう。他方で、地元側は古式ゆかしい共同体の規範を重視し、移住者にはそれにしたがってもらいたいと考える傾向にある。

2022年、福井県池田町の区長会が「池田暮らしの七か条」を作成し、移住者に対する心得や条件をまとめ、2023年1月には町の広報誌でも紹介された。このなかでは、移住者に共同体への参画を求め、多様な価値観を押し付けないよう警告したことが話題になり、排他的な物言いに対して町役場に苦情が殺到した[11]（表4）。

これまでの農山漁村の集落が支え合いによって成り立っており、殊に自然の脅威を甘くみないよう都市住民に対して警鐘を鳴らすことは、なんら問題とならない。ここで問題となるのは、都市住民の価値観を自分たちは受け入れないとしていることであり、単一の価値観を強制しようとする姿

表4 池田暮らしの七か条 (抜粋)

【前文】
　私達は、池田町の風土や人々に好感をもって移り住んでくれる方々を出迎えたいと思っています。
　しかし、池田町への思い込みや雰囲気だけで移り住まわれることには不安も感じています。移住者、地元民双方が「知らない、聞いてない」「こんなはずではなかった」などによる後悔や誤解からのトラブルを防ぎたいと思っています。
　そこで、長く池田町で暮らし続けて頂くための心得や条件を「池田暮らしの七か条」として作成しました。ご理解をお願いいたします。
第1条　集落の一員であること、池田町民であることを自覚してください。
第2条　参加、出役を求められる地域行事の多さとともに、都市にはなかった面倒さの存在を自覚し協力してください。
第3条　集落は小さな共同社会であり、支え合いの多くの習慣があることを理解してください。
第4条　今までの自己価値観を押し付けないこと。また都会暮らしを地域に押し付けないよう心掛けてください。
第5条　プライバシーが無いと感じるお節介があること、また多くの人々の注目と品定めがなされていることを自覚してください。
第6条　集落や地域においての、濃い人間関係を積極的に楽しむ姿勢を持ってください。
第7条　時として自然は脅威となることを自覚してください。特に大雪は暮らしに多大な影響を与えることから、ご近所の助け合いを心掛けてください。

勢は、争いが絶えなかった前時代の考え方に通ずる。

　経済アナリストの森永卓郎は、本格的な田舎暮らしではなくとも、小さな畑を持つのであれば、都心からさほど離れていない緑豊かな**「トカイナカ」**（都会と田舎の中間を表す造語）での暮らしも選択肢になると指摘している [12]。しかし、本格的な田舎暮らしでも、トカイナカでも、さらには都市部の**町内会**であっても、古くからの共同体の問題は残存しており、「郷に入っては郷に従え」的な慣習に新住民が苦悩する社会は解消できていない。

　自治体が地域再興のために移住者を雇用する**「地域おこし協力隊」**制度においても、隊員と地元住民が対立しているという話は絶えない。総務省の調査によると、2022年3月末までに任期を終えた隊員の9,656人のうち、任期後も引き続き同じ市町村に居住し続けた隊員は53.1％に留まるという。NHKによる2023年の調査 [13] では、パワハラやセクハラを経験した隊

員も多いという。

　これらの問題の根本的な原因は、集落の伝統やそれを守ろうとする正義感に由来するのかもしれないが、結局のところは、単一の価値観を肯定し、閉じた社会を当たり前であると考えることにある。そこで次章では、閉じた社会ではない**コミュニティ**の構造として、開いた社会をつくることについて考えてみる。

注釈・参考文献

1) 総務省統計局：『住民基本台帳人口移動報告 長期時系列表（昭和29年〜）』, 2022

2) 河田惠昭：『大規模地震災害による人的被害の予測』, 自然災害科学, 16(1), 1997, pp.3-13

3) 2005年4月26日、平成16（受）1742、自治会費等請求事件。

4) 東京新聞：『自治会脱退トラブル 市は静観』, 2014年9月16日夕刊

5) クラレンス・A. ペリー（倉田数四生 訳）：『近隣住区論』, 鹿島出版会, 1975, p.122

6) 大阪府千里センター：『千里ニュータウン 人と生活』, 1973, p.5

7) 国立社会保障・人口問題研究所：『人口統計資料集2023年改訂版』, 2023

8) 調査が行われなかった年は空欄にしている。

9) 鈴木成文：『五一C白書 私の建築計画学戦前史』, ラトルズ, 2006, p.142

10) 五十嵐太郎：『過防備都市』, 中央公論新社, 2004, pp.13-15, 227-228

11) 福井新聞による報道（2023年2月9日）など。

12) 森永卓郎：『森永卓郎の「マイクロ農業」のすすめ』, 農山漁村文化協会, 2021, pp.51-52

13) NHKが2023年8月に実施した調査で、「クローズアップ現代」（2023年9月5日）においてその結果を報道した。

第 **4** 章

閉じた社会から開いた社会へ

# 1 NPOの登場

## 住民運動から市民活動へ

　戦後、企業による**公害**の深刻化や進む都市開発に対して、住民たちは自らの不利益につながらないために、**町内会**などを通じて抗議活動や反対運動などを行ってきた。これらは、一般に**住民運動**と呼ばれている。

　1970年代後半の安定成長期になると、公害問題は訴訟を経て、補償に至るものが多くなり、また都市開発の規模もかつてほどではなくなった。他方で、一億総中流社会と呼ばれたように、国民の多くはある程度の所得を得られるようになった。行政との対立を続けてきた住民たちが、行政との対話を志すようになったのもこの時代である。町内会などの地縁組織にとっては、ソトからやって来る異物との敵対ではなく、ウチなる構成員の生活の質を高めるための活動に関心が移っていった。これらは、**市民活動**と呼ばれ、住民運動とは区別されている。

　我が国の黎明期の市民活動は、住民運動や町内会活動の性質を持つものも多かったため、その起源を明確にすることは難しいが、世田谷区で始まった**冒険遊び場（プレイパーク）**の活動がその起源の1つだといわれている。

　1975年、**大村虔一<ruby>けんいち</ruby>・大村璋子<ruby>しょうこ</ruby>**夫妻は、近隣住民とともにボランティア団体「あそぼう会」を立ち上げ、世田谷区経堂の都市計画道路の開通が予定されている用地に「経堂こども天国」を開いた。デンマークの首都のコペンハーゲン郊外で行われていた「エンドラップ廃材遊び場」を参考にした**冒険遊び場（プレイパーク）**であり、夏休みの期間限定ながら、大都市のど真ん中で、木材で秘密基地をつくったり、火を炊いたり、水遊びをしたりできる場所が誕生した。この活動は翌年の夏休みも開かれ、また道路開通が迫った翌々年からは、空き地に場所を移した「桜ヶ丘冒険遊び場」が

行われた。

　1979年7月には、都市公園である羽根木公園に場所を移し、土日限定の単年度の活動として「**羽根木プレーパーク**」がスタートした。地域住民やプレーリーダーと呼ばれるスタッフにより住民主導で運営が行われ、この活動を区も支援した。1980年からは常駐のプレーリーダーを置いた常設の冒険遊び場となり、現在もなおこの活動は継続している。

図1　羽根木プレーパーク（2023年撮影）

　このように**市民活動**は、公共セクターが担うことが理想的でありつつも、それが及ばない領域において、住民や市民などがその担い手として活動し、生活を豊かにする活動であるといえる。その多くは、行政と住民や市民が水平な関係で手を携える形で実現するもの、いわゆる「**協働**」による活動である。

## 阪神・淡路大震災とボランティア元年

　第3章で紹介したように、1995年1月の**阪神・淡路大震災**は、**町内会**の防災上の役割が再評価される契機になった。発生直後からテレビ局がリア

ルタイムで被災地のようすを報道したことで、それを目の当たりにした人々は、「いますぐに現場に駆け付けて、なにかしらの手助けをしなければならないのではないだろうか」という気持ちを掻き立てられた。

　内閣府が全国の 20 歳以上の国民 1 万人を対象に実施した「社会意識に関する世論調査」では、「"社会のために役立ちたい"と思っているか」を、数年おきに尋ねている[1]。1985 年 12 月には「思っている」が 5 割を切っていたが、**阪神・淡路大震災**後の 1995 年 12 月には 62.3％まで大きく伸びた（表 1）。かつては、ボランティア活動に従事することは偽善的なものと捉えられがちで、敬遠する人も多かったが、阪神・淡路大震災はその価値観が転換する潮目となった。

表 1　社会意識に関する世論調査（総務省[2]をもとに筆者が再構成）

| あなたは、日頃、社会の一員として、何か社会のために役立ちたいと思っていますか。それとも、あまりそのようなことは考えていませんか。 | 1975 年 12 月 | 1985 年 12 月 | 1995 年 12 月 | 2005 年 2 月 | 2015 年 1 月 |
|---|---|---|---|---|---|
| 思っている（％） | 54.0 | 47.4 | 62.3 | 59.1 | 66.1 |
| あまり考えていない（％） | 39.6 | 44.3 | 33.6 | 36.7 | 31.7 |
| わからない（％） | 6.4 | 8.3 | 4.1 | 4.2 | 2.2 |

　内閣府の調査によると、阪神・淡路大震災では延べ 137 万人あまりのボランティアが支援に従事したという。我が国にとって、これほどまでの大規模なボランティアが被災地に駆け付けたのは初めての経験となった。このことから、1995 年は「**ボランティア元年**」と呼ばれている。

　その後、1997 年 1 月のナホトカ号重油流出事故をはじめ、被災地に駆け付ける**災害ボランティア**が一般化していった。

## まちづくり活動企画コンペ

　1970年代後半以降、徐々に機運が高まってきた**市民活動**を支援する活動も増えてきた。世田谷区では、1992年に市民活動を支援する公益信託[3]「世田谷まちづくりファンド」が創設された。ファンドには世田谷区都市整備公社（現在の一財財団法人世田谷トラストまちづくり）が出捐し、後に世田谷区も出捐した。住民や企業などからの寄付金と併せ、三井信託銀行（現在の三井住友信託銀行）によって運用され、コンペティション（コンペ）方式の「まちづくり活動企画コンペ」において助成対象団体を決めた。4年目にはスタートアップの市民活動を応援する「はじめの一歩部門」が創設され、チャレンジングな活動を応援する土壌が生まれた。

　仙台市では、これを模倣した「まちづくり活動企画コンペ」が1999年に行政主導で開始された。世田谷方式が踏襲され、公開審査により専門家らが意欲あふれる市民活動団体の計画を評価し、助成する活動を選出した。羽根木プレーパークの設立に携わり、**協働**によるまちづくりの潮流を築いた**大村虔一**が、大学教員として地元の仙台に戻っていたことから、このコンペの創設に関わり、運営委員長を務めた。


## NPO法

　**阪神・淡路大震災**をきっかけに、市民活動やボランティア活動の遂行に際し、団体が法人格を持つことの必要性に注目が集まった。これを受け、1998年には**NPO法（特定非営利活動促進法）**が公布・施行され、団体が法人格を持って活動できるようになり、地域社会に貢献しやすい環境が整った。

　NPOはNon-Profit Organization（非営利組織）の略称である。この名称から誤解されることも多いが、株式会社などのように個人が利益の再配分を受けることはできないものの、利益を上げることもできるし、報酬を受け取ることもできる。活動を持続可能にするためには、財源の確保や専門

性を有したスタッフの雇用が重要である。**NPO法**の導入により、任意団体では実現しにくかった強固な活動基盤が構築できるようになった。

さらに、NPOを支援するNPOとして、**中間支援組織**がある。政策提言や調査研究を行える専門性を活用し、他のNPOに対して活動の助言を行ったり、自治体と市民の**協働**を支援したりしている。また、活動に必要な資金、情報、物品などの仲介をしたり、NPOや市民どうしをつなぎあわせたりするなど、さまざまな役割を担っている。

NPOの登場は、ウチとソトに強い境界を引いていた社会から、境界のない社会への転換の一歩であるといえる。

# 2 強いつながりよりも弱いつながりを

## 「絆」は強くあるべきか

2011年の新語・流行語大賞には「絆」がノミネートされた。**東日本大震災**の被災地には、全国から多くのボランティアが駆け付け、また世界中からさまざまな支援が寄せられたことから、その状況を形容する言葉として広く使われた語だ。2021年2月20日付の読売新聞によると、震災前は家族間のつながりを表す語として多用されていたが、震災をきっかけに地域や社会との結び付きの場面でも使われるようになったとのことだ。

震災のころを思い返すと、絆は強いものだとされ、強固な結び付きこそが包容力にあふれた社会を実現するものだと考えられていた。しかし、絆という言葉によって表現されるような結び付きの強さは、**コミュニティ**を持続可能なものにし得るのだろうか。結び付きの強さは、閉鎖性の強さや多様性を認めない社会構造と関係していないだろうか。

## 弱いつながりの強さ

　アメリカ合衆国の社会学者である**マーク・グラノヴェター**は 1973 年に『**弱い紐帯**の強さ（The Strength of Weak Ties）』[4] と題した説を発表した。

　個人間の紐帯の強さは、ともに過ごす時間量、情緒的な強度、親密さ、助け合いの程度を組み合わせたものだと考えられている。特に、時間的な関わり合いの量がその強さに影響しており、これは A、B、C の 3 人の関係にも異なる状況をもたらすという。

　A–B の紐帯が強く、A–C も同様だとすると、見知らぬ B と C は似通っている確率が高く、両者が知り合った場合に B–C に強い紐帯が生じやすい（図 2 左）。一方で、A–B の紐帯は強いが、A–C が弱い場合、B と C の気が合う可能性は先ほどの場合よりも下がる（図 2 右）。

　最初の例に戻り、A–B、A–C のいずれの紐帯も強い場合において、B と C がお互いの存在に気づいていても、肯定的な紐帯がない場合、B も C も A との感情を一致させたいという心理的緊張が生じる。ところが、A–B、A–C の間の紐帯が弱いとすれば、この問題は生じない。

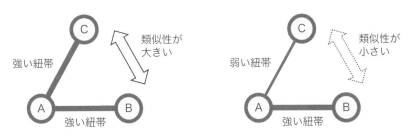

図 2　個人間の紐帯の強さ（グラノヴェター[4]をもとに作成）

　グラノヴェターは、これまでは肯定的に捉えられていた紐帯の強さには、局所的な凝集があるがゆえ、社会の断片化を生む可能性があることを見出した。むしろ、これまで注目されてこなかった**弱い紐帯**のほうが、異なるグループ間の結び付きを生む可能性があるとした。

古くから人類は、ウチの構成員に従順であることを求め、ソトの世界との間には境界線を引いてきた。グラノヴェターが指摘するように、つながりの弱さに異質な他者との融和の可能性があるのだとすれば、これは社会構造の変革を目指す上で、大きな示唆となる。


# 3　人と人の間にある見えない力


## 課題解決力はどこに宿るか

　2003 年から 7 年間、NHK で放送された「難問解決！ご近所の底力」は、**町内会**などの困りごとであるごみの分別や落書きなどの問題に対して、実践的な対処法を紹介し、解決していくバラエティ番組であった。

　「ご近所の底力」と同じように広く知られている語として、「**地域力**」がある。この概念は、まちづくりプランナーの**宮西悠司**によって 1980 年代に提唱されたものである。宮西によると地域力は、住民が地域社会に関心を抱く「地域の関心力」、公共施設などのハードと地域の魅力を形づくるソフトによる「地域資源の蓄積力」、地域の関心や課題を私的に解決するのではなく、住民どうしの共通の課題として捉えて対応する「地域の自治能力」によって構成されるという[5]（図 3）。

　つまり宮西は、地域力を個人の力とは解釈せずに、個人による他者や地域との関わり方であると考えていることが読み取れる。

　一方で、私たちが地域社会における課題解決力を考える時に、個人に宿っている能力や体力、持ち時間を指すことがある。たとえば、「○○さんは経理に詳しい」「△△さんは若くて力持ち」「日曜日なら多くの人たちが手伝ってくれるのではないか」などといった考え方は、個人の持てる力を寄

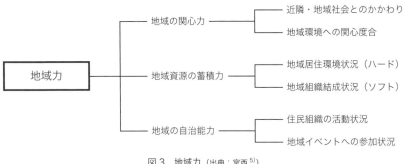

```
                        ┌─ 地域の関心力 ──────┬─── 近隣・地域社会とのかかわり
                        │                      └─── 地域環境への関心度合
    ┌──────────┐        │
    │  地域力  │────────┼─ 地域資源の蓄積力 ──┬─── 地域居住環境状況（ハード）
    └──────────┘        │                      └─── 地域組織結成状況（ソフト）
                        │
                        └─ 地域の自治能力 ────┬─── 住民組織の活動状況
                                               └─── 地域イベントへの参加状況
```

図 3　地域力（出典：宮西 [5]）

せ集めることで地域社会の課題解決を図ろうとする立場にほかならない。個人の持てる力に依存してしまうことは、人口の減少が続く我が国においては、課題解決力の衰退を意味してしまう。


## ソーシャル・キャピタルとヒューマン・キャピタル

　「**ソーシャル・キャピタル（Social Capital ／社会関係資本）**」は、社会における構成員どうしの間に存在している信頼関係や規範、ネットワークによって構成されている社会構造を指し、人々の協調行動の活発化や社会効率の向上に役立つと考えられている。

　1988 年、アメリカ合衆国の社会学者である**ジェームズ・S・コールマン**は、ソーシャル・キャピタルの現代的な定義を行った人物である。コールマンは、「**ヒューマン・キャピタル（Human Capital ／人的資本）**」を個人が持つ能力と定義し、これに対し、ソーシャル・キャピタルを人と人との間に存在する社会構造であると定義した（表 2）。

　さらにこの概念を広めたのが、**ロバート・D・パットナム**である。1980 年代には、コネのような人間関係をソーシャル・キャピタルと位置付けるべきか議論があったが、パットナムはこれをソーシャル・キャピタルとして認める一方で、次のように補足している。「もし、個人的な影響力や友情

表2　ソーシャル・キャピタルの特徴（コールマン[6]をもとに筆者が再構成）

| |
|---|
| 1. ソーシャル・キャピタルは、行為者に利用可能な資源である。 |
| 2. ソーシャル・キャピタルには、社会構造の側面がある。 |
| 3. ソーシャル・キャピタルは、社会構造内の行為者の何らかの行為を促進する。 |
| 4. ソーシャル・キャピタルは、生産的なものであり、それなしでは不可能な目的を達成可能にする。 |
| 5. ソーシャル・キャピタルは、完全な代替性をもっているのではなく、特定の活動に特化している。 |
| 6. ソーシャル・キャピタルは、行為者間の関係の構造に内在するものであり、行為者や物質的な生産手段に宿っているのではない。 |
| 7. 団体的行為者間の関係も、ソーシャル・キャピタルになり得る。 |

といったものが社会関係資本である、というだけのことであるならば、目端の効く、利己的な個人は適切な量の時間とエネルギーを投資し、それを獲得しようとすることが予想できよう。しかし社会関係資本は同時に『外部性』を有していて**コミュニティ**に広く影響するので、社会的つながりのコストも利益も、つながりを生み出した人のみにその全てが帰せられるわけではない」[7]。

　パットナムは、ソーシャル・キャピタルは公共財としての側面を持ち得るとしており、「社会関係資本が欠けていれば、経済社会学者が示してきたように、たとえ才能に恵まれ非常に訓練を積んでいる（「人的資本」）としても、経済的な見通しは著しく損なわれることになる」[8]と述べ、人間社会はソーシャル・キャピタルによって支えられていることを指摘した。


## 結合型と橋渡し型

　**ソーシャル・キャピタル**には、**結合型（Bonding）**と**橋渡し型（Bridging）**の2つの類型があると考えられている（表3）。結合型のソーシャル・キャピタルは、ウチの構成員どうしの同質的な結び付きであり、強い結束力に基づいた信頼や協力を生む。一方で、橋渡し型のソーシャル・キャピタルは、ソトの世界の異質なものどうしの結び付きであり、土着なつながりに

表3　結合型と橋渡し型のソーシャル・キャピタル

|  | 結合型 | 橋渡し型 |
|---|---|---|
| コミュニティの形態（第2章） | ローカル・コミュニティ | テーマ・コミュニティ |
| 社会への開き方（第3章） | 閉じた社会 | 開いた社会 |
| 結び付きの強さ（第4章） | 強い紐帯 | 弱い紐帯 |

はよらなくとも、協調的な取組みを行う関係性を生む。

　ソーシャル・キャピタルは、行為者の何らかの行為を促進するものであり、それによってもたらされる結果は、必ずしもよいものであるとは限らない。コールマンは例として、テロリズムなどを引き起こす犯罪組織が秘密裏に組織されていくことにおいても、ソーシャル・キャピタルで説明が付くとしている。そして、このような望ましくない集団は、ウチに閉じた結合型のソーシャル・キャピタルに支えられている。

　一方で、橋渡し型のソーシャル・キャピタルでは、誰かを頼りにする際に、**コミュニティ**のソトにあるネットワークを活用する。近年では、地域課題の解決においてもウチの人材や資源だけで解決できないことがあれば、積極的に橋渡し型のソーシャル・キャピタルを活用している。たとえば、明治時代から20歳を迎える若者が運営するしきたりとなっていた福島県相馬市磯部地区の盆踊りは、**東日本大震災**の津波で集落が被災したことで、その継承が途絶えそうになってしまった。そこで、震災から3回目の夏に4人の学生が盆踊りの再起に向けて立ち上がり、津波で流失した太鼓や笛、音響機器などの物品は、人づてに隣市のNPOなどを頼りな

図4　磯部地区盆踊り（福島県相馬市／2013年撮影）

がら借用し、また地区外の企業協賛を得つつ見事に復活を遂げた（図4）。

　私たちの都市の成り立ちは、結合型のソーシャル・キャピタルによるものであるし、現代においても町内会などが結合型のソーシャル・キャピタルを活用している。一方で、成熟社会が到来し、また多様性を認め合う社会の理想のあり方を構想する視点においては、ウチに閉ざした強固なつながりのみに依存するのではなく、橋渡し型のソーシャル・キャピタルが有効に機能する方法こそが重要であるといえる。


# 4 外へとほとばしる課題解決の力


## 内発的動機付けと外発的動機付け

　心理学者の**エドワード・L・デシ**は、報酬や評価などの外部からの要因（外発的動機付け）がなくとも、自身の内側から湧き出る興味や関心に基づき、心理的欲求に駆られて自由選択的に行動し、喜びや満足をもって課題解決に取り組むことができるとし、これを「**内発的動機付け**」と定義した。我が国での**市民活動**の起こりや、**ボランティア元年**以降の**災害ボランティア**など、内発的な動機に突き動かされた社会現象がみられることは、これまでも紹介した通りである。

　デシの定義は個人の動機を扱ったものだが、福祉の現場においては、当事者たちによる組織的な内発的動機付けが重要視されるようになっている。過去には、貧困や障害、疾病などの背景をもつ人たちが公共サービスを含めたさまざまな場や機会から取り残されている「**社会的排除**」が深刻だった時代がある。現代ではこのような人々を地域社会の一員として受け入れ、支え合う「**社会的包摂**」が実現しつつある。さらに、自身で、ある

いは所属する**コミュニティ**として、自身たちが抱える課題の解決に至るために、外的な支援に依存するのではなく、自らが取り組むこと、すなわち内発的な取組みであることを重視するようになってきている。

　課題を抱える当事者やその家族どうしによる内発的な取組みとしては、認知症の人やその家族が日々の困難の解決策を共有しながら交流する場である「認知症カフェ」と呼ばれる活動などが知られている。さらに、認知症カフェが介護予防や認知症予防を目指した活動に発展するケースも全国的にみられている。このように、従来の「内発的」ということばには、課題解決の起点が当事者側に存在しているとの意味合いが含まれている。

## 内発性と創発性

　社会学者の**吉原直樹**は、「**内発性**」に対して「**創発性**」という概念を提示し、閉じた社会の中で完結する「内発性」を問題視している立場にある。**デシ**は課題解決の起点にみるウチの重要性を論じたが、吉原はその解決の主体やその影響範囲がウチに閉じたままとなる社会のあり方を否定した。

　吉原は、**内発性**は「どちらかというと領域的に囲われた同一性／アイデンティティにこだわる」ものであり、対して**創発性**は「そうした同一性／アイデンティティへの撹乱要素として存在し、作用する」ものだと定義している。内発性にみられる閉鎖性や排除性、同一性はこれからの時代の**コミュニティ**のあり方にそぐわないが、**コミュニタリアニズム**信奉者にとっては、創発性は受け入れがたい考え方になるとしている[9]。

## 公共性の獲得

　吉原の**創発性**は、哲学者の**ハンナ・アーレント**や政治学者の**齋藤純一**が提唱する公共性の定義に通じるところがある。齋藤によると、私たちは、ただ1つのアイデンティティに支配されているのではなく、そこには複数

性が存在し、一方のアイデンティティが強くとも、他方が損なわれることはないという。それでもなお排他的に同一性を求める**コミュニティ**もあるが、公共性は価値の複数性を条件に成り立つものであるという[10]。つまり、閉じた社会では公共性は獲得できないといえる。

　一方で、**町内会**に代表される現代のコミュニティは、公共的な役割を担っている現実がある。町内会へのその期待がさらに高まっていることは、第10章でも紹介したい。こういった社会的な期待を充足していくことを目指そうとすると、町内会は同一の価値観を構成員に強要することで成り立つような考え方から脱却し、ソトの社会とつながることが重要になってくる。

注釈・参考文献

1) 調査年によって、設問の言い回しに多少の差異がある。

2) 総務省：『社会意識に関する世論調査』、昭和50年12月調査／昭和60年12月調査／平成7年12月調査／平成17年2月調査／平成27年1月調査、1975／1985／1995／2005／2015

3) 信託法に基づき、慈善活動などのために委託者が受託者に財産を移転（出捐）し、受託者はその目的の達成のために財産を管理したり処分したりする仕組みである。この事例での委託者は世田谷区都市整備公社、受託者は三井信託銀行である。

4) Mark S. Granovetter：『The Strength of Weak Ties』, American Journal of Sociology, 78, 1973, pp.1360-1380

5) 宮西悠司：『地域力を高めることがまちづくり —住民の力と市街地整備』、都市計画、143、1986、pp.25-33

6) James S. Coleman：『Social Capital in the Creation of Human Capital』, American Journal of Sociology, 94, 1988, pp.S95-S120

7) ロバート・D・パットナム（柴内康文 訳）：『孤独なボウリング 米国コミュニティの崩壊と再生』、柏書房、2006（原著：2000）、p.16

8) 同上、p.353

9) 吉原直樹：『コミュニティ・スタディーズ』、作品社、2011、pp.26-27

10) 齋藤純一：『公共性』、岩波書店、2000、pp.101-107

第 **5** 章

# 現代の都市政策の視点

# 1 都市のビジョンを定める

## 地域社会をつくるための諸計画

　2000年の**地方分権一括法**の施行により、それまで国が地方自治体に指示を出し、仕事をさせていた機関委任事務が廃止され、地方自治体の事務は自治事務と法定受託事務となり、地方自治体の裁量は大幅に拡大された（表1）。

表1　機関委任事務から変更になった事務

| 自治事務 | 法定受託事務 |
|---|---|
| ・都市計画の決定 | ・国政選挙 |
| ・土地改良区の設立許可 | ・旅券の交付 |
| ・飲食店営業の許可 | ・国の指定統計 |
| ・病院・薬局の開設許可　など | ・国道の管理　　　　　など |

　これに伴い、都市計画を含めたさまざまな事務の権限を地方自治体がもつようになった。一方で、地方自治体は国の諸計画とも矛盾がないように計画を策定しなければならない。

## 国土形成計画と国土利用計画

　国は、**国土形成計画**を策定し、このなかで「我が国の自然的、経済的、社会的及び文化的諸条件を維持向上させる国土の形成に関する施策」を定めている(国土形成計画法第3条)。総合的な国土の形成に関する施策としては「全国計画」を、首都圏や近畿圏、中部圏、その他の圏域については「広域地方計画」を定めている。

　加えて**国土利用計画**では、国土形成計画と相まって、「総合的かつ計画的

な国土の利用を図ること」を目指して「全国計画」を定め、地方自治体は「都道府県計画」や「市町村計画」を定めることができる。

## まち・ひと・しごと創生長期ビジョンと総合戦略

　国は、人口減少に歯止めをかけ、東京一極集中を是正することなどを通じた地方創生を推進するため、2014 年にまち・ひと・しごと創生法を公布・施行した。

　**まち・ひと・しごと創生長期ビジョン**においては、日本の人口の現状と将来の姿を示し、今後目指すべき将来の方向を提示している。具体的には人口推計に基づき、人口減少のもたらす影響を明らかにしている。たとえば、中山間地域や農山漁村などにおいては、日常の買い物や医療などが困難になるおそれを指摘し、これらに取り組む必要性について言及している。

　**まち・ひと・しごと創生総合戦略**では、長期ビジョンで挙げられた社会動向に対応するための 5 か年の目標や施策の基本的方向などをまとめている。2024 年度が目標年となっている第 2 期計画では、【将来にわたって「活力ある地域社会」の実現】と、【東京圏への一極集中】の是正】を目指すべき将来像として掲げ、「稼ぐ地域をつくるとともに、安心して働けるようにする」こと、「地方とのつながりを築き、地方への新しいひとの流れをつくる」こと、「結婚・出産・子育ての希望をかなえる」こと、「ひとが集う、安心して暮らすことができる魅力的な地域をつくる」ことを基本目標に、国の施策を展開することとしている。

## 総合計画と地方版総合戦略

　**総合計画**は、地方自治体のあらゆる計画の基本となり、地域社会を形づくっていくうえでの最上位に位置付けられる。

1969 年の地方自治法の改正によって、市町村では総合計画の核となる基本構想の策定が義務化された。基本構想は、市町村の事務処理事項を盛り込む必要があったため、実態としては個別の分野別の上位計画に位置付けられた。当時の自治省からの通知では、「おおむね 10 年程度の展望は持つことが適当である」とされたため、10 年の計画を長期総合計画と呼んでいる自治体も多い。また、自治省が設置した研究会においては、基本構想だけではなく、基本計画と実施計画を合わせた 3 階層が示されたため、これを踏襲した総合計画が多くみられる。

　2011 年の地方自治法の改正により、市町村による基本構想の策定の義務化が撤廃されたため、現在では市町村ごとに取り組み方が多様になってきた。従来型の総合計画を踏襲して更新するケースや、ごく少数ではあるが更新のタイミングで策定をやめるケース、分野別の上位計画の位置付けから最重要課題とその対応を明記する方式に改めたケースなど、さまざまで

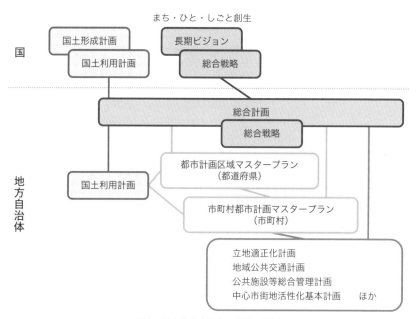

図 1　国と地方自治体の計画の関係

ある。

　まち・ひと・しごと創生法では、地方自治体が国の**総合戦略**を勘案した
都道府県まち・ひと・しごと創生総合戦略や市町村まち・ひと・しごと創
生総合戦略（いわゆる**地方版総合戦略**）の策定を努力義務としている。地
方版総合戦略では、区域の実情に応じたまち・ひと・しごと創生に関する
目標、施策の基本的方向性、施策などを盛り込むこととされている。

　このことを受け、地方自治体では総合計画に総合戦略を内包したり、総
合戦略を上位に位置付けたりすることも多くなっている。

　地方自治体にとっては、国土利用計画や総合計画、総合戦略に基づいて、
個別の施策を計画し、実施することになる（図1）。

## 都市計画マスタープラン

　都市計画法に基づく都市計画は、「計画」、土地利用に関する「規制」、都
市施設づくりや市街地開発事業を行う「事業」の3本柱で成り立っている
と理解するとわかりやすく、これらは原則として都市計画区域の中にしか
及ばない。この3本柱の「計画」に位置付けられるのが、都道府県が策定
する**都市計画区域マスタープラン（区域マス）**と、市町村が策定する**市町
村都市計画マスタープラン（都市マス・市町村マス）**の2つである（図
2）。

　区域マスは、「都市計画区域の整備、開発及び保全の方針」（都市計画法
第6条の2）を定めるものであり、人口をはじめとする人々の生活、土地
利用、公共施設の整備などについて将来の見通しや目標を明らかにし、将
来の都市のあり方について、都道府県が具体的に定めるものである。

　一方で都市マスは、「市町村の都市計画に関する基本的な方針」（都市計
画法第18条の2）であり、市町村の創意工夫のもとに住民の意見を反映し、
都市の具体的な将来ビジョンを定めるとともに、地区ごとのあるべき姿を
定めるものである。

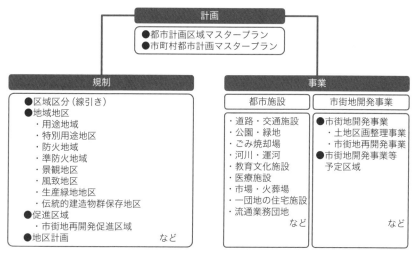

図2 都市計画の全体像 (抜粋)

　市町村では、**総合計画**や**総合戦略**、**区域マス**に矛盾のない形で**都市マス**を作成し、これらに基づき、都市機能の誘導計画、交通網の計画、公共施設のマネジメント、中心市街地の活性化に関する計画などを策定することになる。

# 2 適正な都市の規模を定める

## コンパクトシティ

　**コンパクトシティ**は、都市の機能を適切に集積し、郊外への過度な広がりを抑制する考え方である。公共交通ネットワークの周辺に都市機能を集積することを基本とするため、自家用車の使用、すなわち化石燃料に依存

した暮らし方からの脱却につながり、持続可能な暮らしの実現に向けて、都市基盤を再整備するうえでのスローガンとして、コンパクトシティの考え方が導入されることが多い。コンパクトシティは、都市を無条件に小さくするものであるととらえる誤解もあるが、そのような意味合いはなく、あくまでも強い公共交通軸の周辺への都市機能の集積を目指す考え方である。

　人口急増局面では、**スマートグロース**（賢い成長）型のコンパクトシティが進められる。人口の増加に対応するためには、積極的な都市整備を実施しなければならないが、公共交通の周辺に都市機能を集約させながら都市を整備することによって、環境負荷を低減しながら都市の成長を管理することにつながる。

　世界で最初のコンパクトシティとして知られるブラジルの**クリチバ**市は、1960 年代から人口が急増した。1970 年の人口が約 61 万人だったが、2020 年には 196 万人あまりと、半世紀で 2.5 倍に増えた一方で、1960 年代

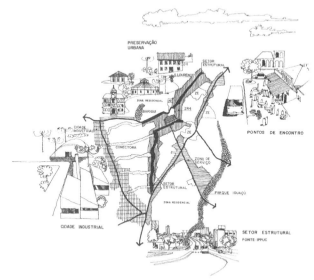

図3　交通軸周辺に高密な土地利用を集積させるクリチバの都市構造
(出典：IPPUC [2] ／ 1984 年の計画の原図)

には世界恐慌以降の経済停滞が長らく続いていた。1971年に**ジャイメ・レ
ルネル**が市長に就任したことをきっかけに、バス専用レーンを走るバス交
通システムである **BRT**（Bus Rapid Transit）[1] を導入し、5本の都市軸の
周辺を集約的に開発したことで知られている。

　我が国のような人口減少局面では、**スマートシュリンク**（賢い縮退）を
目指す必要がある。公共事業や公共サービスの効率化、過去に整備した公
共施設やインフラの長寿命化（第5章第4節）、成熟期に見合った土地利
用の再編などを図りつつ、住民や市民が主体となって取り組む**エリアマネ
ジメント**（第7章第4節）などを通じて、都市生活の質を維持したり向上
したりすることを目指す考え方である。


## 立地適正化計画

　我が国では「コンパクト・プラス・ネットワーク」を合言葉に、都市機
能や居住機能を都市の中心部などに誘導しつつ、これと連携した公共交通
ネットワークの再構築を図ることで、**コンパクトシティ**の形成を進めてい
る。2014年には都市再生特別措置法が改正され、**立地適正化計画**制度が創
設された。市町村が作成できる立地適正化計画では主に、居住を誘導すべ
き区域である**居住誘導区域**と、医療・福祉施設や商業施設などの都市機能
を増進する施設の立地を誘導すべき区域である**都市機能誘導区域**などを定
めることになる（図4）。

　都市機能誘導区域は居住誘導区域内に位置し、周辺からの公共交通アク
セスの利便性が高い区域など、都市の拠点となるべき区域に設定される。
どのような施設を誘導するかについては、市町村の戦略に委ねられる。

　居住誘導区域内では、持続可能で快適な居住環境が担保される一方で、
区域外においては3戸以上の住宅の新改築などについて市町村長への届出
を求めることとなっており、その内容によっては市町村長が立地適正化の
ための勧告を行うことができる。

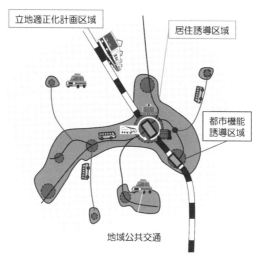

図4　立地適正化計画の概念図（出典：国土交通省 3)）

　居住誘導区域は、区域区分が定められている都市計画区域（いわゆる線引き都市計画区域）においては市街化区域の内側に設定されることになるため、従来の**区域区分（線引き）**よりもさらにコンパクトで集約的な都市形成に寄与できるものと考えられている。

# 3 移動手段を確保する

## 交通をめぐる課題

　国土交通省が2018年に実施した調査4)によると、居住している都市規模によって、日々の交通手段に対して不便や不満に感じる視点が異なる。大都市では、「電車・バスなど公共交通の混雑」、「慢性的な道路の渋滞」、「長

い移動時間や乗り継ぎなど無駄な待ち時間」、「電車・バスなどの公共交通の遅れ」など、移動時の快適性への不満が目立つ。一方で、人口規模の小さい市町村の住民は、「自動車がなければ生活できない不便な移動環境」を挙げている（図5）。

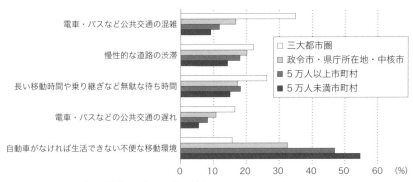

図5　交通手段等の不便・不満の割合（出典：国土交通省[4]より抜粋／複数回答）

　社会全体として、自家用車への依存度が高い結果、公共交通の利用頻度が低下し、交通事業者の経営的観点から公共交通サービスが縮小されるといった悪循環がみられる。
　交通至難な状況は、医療・福祉・教育などの面で地域格差を発生させることにつながる。以前よりも元気な高齢者が増え、また障害者の社会参加も推進されるなか、移動のニーズに対して十分な交通手段が備わっていない。
　また、食料品などの日常の買物が困難だったり、不便な状況に置かれていたりする者、いわゆる**買い物弱者**も増加している。農林水産省による2015年の推計では、自宅から生鮮食料品販売店舗までの直線距離が500m以上であり、かつ65歳以上で自動車を利用できない者が825万人程度存在しており、この数は高齢化の進展によりますます増加することが予想される。

## これまでの交通政策

　これまでの交通政策は、歩行者と自動車の関係性の観点や、自動車交通の制御のあり方など、手段としての交通のあり方を問うものが中心であった。それぞれ詳しく説明しよう。

### 歩行者と自動車の関係性

　歩行者と自動車を分離する考え方を**歩車分離**という。第3章で紹介した通り、**近隣住区論**では、住区周辺に幹線道路を通し、住区内では**クルドサック**（袋小路）を設けることで、住区内に通過交通を入り込ませない工夫がなされている。アメリカ合衆国ニュージャージー州フェアローン市のニュータウンであるラドバーンで導入されたことから、**ラドバーン方式**として知られている。1963年にはイギリス政府による**ブキャナンレポート**と呼ばれる報告書が作成され、このなかでも住区内への自動車の流入を必要

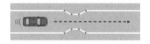

図6　通過交通のスピードを抑制する手法（左からハンプ、狭さく、シケイン）
（出典：国土交通省 国土技術政策総合研究所 5)）

図7　コミュニティ道路（仙台市太白区／2024年撮影）

最低限に抑えることで、居住環境を保全する考え方が示されている。

　一方で、1970 年代にオランダで導入された**ボンエルフ**は**歩車共存**の考え方である。ボンエルフが導入された道路では、通過交通のスピードを抑制させるために繰り返しのカーブを設けたシケイン、狭さく、道路を隆起させたハンプが設置される（図 6）。我が国では、**コミュニティ道路**と呼ばれている（図 7）。

自動車交通の制御

　我が国における自動車保有台数は、1970 年からの 10 年間で、自動車全体で 2 倍超に、乗用車のみでみると 3 倍超に急増した（表 2）。第 3 章で紹介した郊外住宅地の開発などをきっかけに、**モータリゼーション（車社会化）**が進展し、慢性的に渋滞が発生するようになった。

表 2　自動車保有台数の推移（出典：自動車検査登録情報協会[6]より抜粋）

| | 1970 | 1980 | 1990 | 2000 | 2010 | 2020 |
|---|---|---|---|---|---|---|
| 自動車合計（万台） | 1,653 | 3,733 | 5,799 | 7,458 | 7,869 | 8,185 |
| うち乗用車（万台） | 727 | 2,275 | 3,294 | 5,122 | 5,790 | 6,181 |

　このような慢性的な渋滞の解消を目指す考え方が **TDM（Transportation Demand Management ／交通需要マネジメント）**である。TDM では、自動車の利用者に対して交通行動の変更を促すことにより、都市・地域レベルの道路混雑の緩和を目指しており、以下に示す 5 つのアプローチがある。

　［自動車の効率的利用］は、相乗りや共同集配などによる交通量の減少を目指すものである。［経路の変更］は、高度道路交通システム（ITS）を活用し、道路交通情報の配信による交通量の分散を狙うものである。［手段の変更］は、駅などの交通結節点においてバスターミナルを整備したり、バス専用レーンを設置したりすることなどによって、公共交通機関の利便

性の向上を図る取組みである。[時間の変更] は、企業におけるフレックスタイムの導入などにより、交通量の平滑化を実現する考え方である。[発生源の調整] は、土地利用を適切に計画することで、適切に交通量を分散することである。**職住近接**を実現させることや、都市部に流入する車両に課金や課税をするロードプライシングもこれに相当する。

　近年では過疎地域対策やトラックドライバー不足対策などとして、効果的な貨物の運搬を図るために、貨物と旅客の輸送を同時に行う**貨客混載**が進められるなど、交通渋滞の解消を図ることが目的であった TDM とは異なる工夫も登場してきている。

## 地域公共交通計画

　2007 年に地域公共交通の活性化及び再生に関する法律が公布・施行され、市町村はバス交通などの地域公共交通の活性化や再生に関するあらゆる事項を定めた地域公共交通総合連携計画を策定できるようになった。

　2014 年の改正ではこの計画に代え、路線を再編したり、**デマンド交通**を導入することで交通空白地を解消したりすることなどを通じて、面的な公共交通ネットワークの再構築を目指すための地域公共交通網形成計画を地方自治体が策定できるようになった。

　さらに 2000 年の改正では、地方自治体が地域にとって望ましい地域旅客運送サービス像を**地域公共交通計画**として策定することが努力義務化された。ダイヤや運賃などの面を含め、総合的に公共交通ネットワークの改善や充実に取り組むこととされ、さらには地域の多様な輸送資源を総動員するための具体策を盛り込むことになった。鉄道や路線バス、**デマンド交通**、コミュニティバスなどの地域交通、乗合タクシーなどの公共交通機関に加え、**自家用有償旅客運送**やスクールバス、病院や商業施設などの送迎サービス、コミュニティサイクルなど、さまざまな移動手段が有機的に絡み合うことを構想するものとなった。

## 新しい交通手段

　これらの経緯の中で、さまざまな交通手段が一般化しつつある。

　バス専用レーンを走るバス交通システムである**BRT**は、我が国でも導入が始まっている。2007年に廃線となった鹿島鉄道の廃線の代替として登場したBRT「かしてつバス」を皮切りに、**東日本大震災**で被災したJR気仙沼線やJR大船渡線もBRTに置き換わり、鉄道よりも低い輸送コストでの運行を実現している。東京都心と臨海副都心を結ぶ「東京BRT」（図8）も、2020年のプレ運行から2024年の本格運行へと移行した[7]。

図8　東京BRT（2023年撮影）

　**デマンド交通**は、利用者の需要に応じて運行する乗合バスや乗合タクシーの運行方式であり、公共交通の運行頻度が低い地方都市や過疎地域などで、従来のバス路線からの置換えが進められている。一般には、路線の一部ないし全部に予約制が導入されるため、交通事業者側にとっては無駄な運行（いわゆる「空気バス」）を減らすことができ、輸送コストの大幅な削減が期待できるものである。

　我が国では、営業許可を持たずに自家用車で旅客運送業を営むことができないが、**自家用有償旅客運送**は次の2つの条件のいずれかに当てはまれ

ば、NPO などが運行主体となって自家用車で運送できる仕組みである。「交通空白地有償運送」は、公共交通の空白地において地域交通の確保が成り立たない場合の対策として実施できるものである。「福祉有償運送」は、障害者や介護が必要な人たちに限定したサービスとして実施できるものである。

## 移動からサービスへ

　地域住民や観光客には移動をめぐるさまざまなニーズが存在している。これらに対応して、複数の公共交通やそれ以外の移動サービスを最適に組み合わせて検索や予約、決済などを一括で行えるサービスとして、MaaS (Mobility as a Service)の導入が進められている。たとえば家族で外食に出掛けるために、カーシェアリングとレストランの予約や決済を一括で行ったり、初めて訪れる観光地でも使い慣れているスマホアプリを使って公共交通の運賃を支払ったりすることなどが当てはまる。これらは、移動の利便性向上に加えて、生活のさまざまな不便の解消にも資する手段となり得る。

# 4 公共施設を持続可能にする

## ハコモノ行政

　バブル経済期には、地方自治体は競うように公共施設の建設を進めた。たとえ近隣に類似する施設があったとしても別の自治体であることを理由に建設したり、採算度外視で建設を進めたりすることが一般化していた時

代であった。こういったふるまいをする政策のことを「ハコモノ行政」と揶揄することもある。

ハコモノ行政は、地方自治体の赤字拡大や債務増加の要因となっており、建設費用を捻出できたとしても、その維持管理の費用や建替えなどの更新費用が地方自治体にとっての大きな財政負担としてのしかかってしまう。

**平成の大合併**の際には、編入される側の市町村が財政規律を無視して、合併間際に新たな公共施設を建設する事例も散見された。また、合併後には、合併特例債[8]を用いれば、実質的には国が約3分の2の建設費を地方交付税として負担することになるため、これも公共施設の乱立の一因となった。

過疎地域においても、過疎債[9]を用いることで7割の建設費が国の負担となり、公共施設の過剰な建設につながりがちである。2010年に人口が5,000人を割ったF県T町では、博物館が3館あり、うち2館は1990年代に開館している（図9）。

図9　F県T町の博物館の1つ（2022年撮影）

## 公共施設等総合管理計画

　地方自治体の厳しい財政状況が続くなか、過去に整備した公共施設の老朽化が進み、加えて人口減少などにより公共施設の利用の需要が変化していくことが見込まれている。そこで国は、2014 年 4 月に通知「公共施設等の総合的かつ計画的な管理の推進について」を発信し、すべての地方自治体に対し、**公共施設等総合管理計画**の策定を要請した。この通知では、早急に公共施設などの全体の状況を把握するとともに、長期的な視点をもって、更新だけではなく、統廃合や長寿命化などを計画的に行うことにより、財政負担を軽減したり、平準化させたりしながら、最適な配置を実現させることを求めている。

　従来は国によるさまざまな補助財源を用いて整備されてきた公共施設も、**公共施設等総合管理計画**に基づいたものでなければ財政的な支援を受けることが難しくなった。国はその誘導施策として、**公共施設等適正管理推進事業債**という起債の仕組みを新たに設けた。地方自治体は単年度主義の予算運営を行っているため、ある年度に多額の建設費が生じた場合であっても、その会計年度内に支出処理する必要がある。一方で、起債することができれば、財政上必要とする資金を外部から調達することができると

表 3　公共施設等適正管理推進事業債の概要（抜粋）

| 対象事業 | 条件 | 充当率 | 交付税措置率 | 実質的な補助率 |
|---|---|---|---|---|
| 集約化・複合化 | 延床面積の減少を伴う集約化・複合化事業 | 90% | 50% | 45% |
| 長寿命化 | 施設の使用年数を法定耐用年数を超えて延長させる事業 | | 財政力に応じて30〜50% | 27〜45% |
| 転用 | 他用途への転用事業 | | | |
| 立地適正化 | コンパクトシティの形成に向けた長期的なまちづくりの視点に基づく事業 | | | |
| 除却 | 公共施設等の除却を行う事業 | | 0% | 0% |

ともに、その返済は将来にわたって行えばよいため、単年度の財政負担を大幅に軽減できる。

**公共施設等適正管理推進事業債**では、**公共施設等総合管理計画**に基づいて公共施設を複合化する場合には、元の延べ床面積を下回る規模で建て替えるなどの要件を満たせば、事業費の一定割合（充当率）まで起債することができ、その起債額の一部が地方交付税として還元される（交付税措置）。実質的な補助率は非常に高いため、地方自治体はこの起債の仕組みが制度化されているうちに公共施設を適正化させていく努力をすることにつながる（表3）。

　次章では、実際の取組み事例をみてみよう。

注釈・参考文献

1) クリチバにおいては、RIT（Rede Integrada de Transporte ／統合輸送ネットワーク）と呼ばれている。

2) IPPUC（クリチバ都市計画研究所）：『Plano de Desenvolvimento de Bairros -Projeto Xaxim』, 1985, p.1

3) 国土交通省：『「都市再生特別措置法」に基づく立地適正化計画概要パンフレット』, 2014, p.2

4) 国土交通省：『平成29年度国土交通白書』, 2018, pp.70-71

5) 国土交通省国土技術政策総合研究所：『「凸部、狭窄部及び屈曲部の設置に関する技術基準」に関する技術資料』, 国土技術政策総合研究所資料, No.952, 2017, p.6

6) 自動車検査登録情報協会：『自動車保有台数の推移』, 2023

7) 東京BRTは、本格運行の開始時点ではバス専用レーンを有していない。国土交通省では、速達性、定時性、輸送力について従来のバスよりも高度な性能を発揮でき、高い利便性を提供できるものを含め、BRTと称している。

8) 平成の大合併では、合併後の建設事業に対する財政措置として合併特例債という起債制度がつくられた。将来に返済すればよい借金ができ、かつその多くを国が肩代わりして返済するのと同等の仕組みであるため、この財源を目当てに合併した市町村が多い。

9) 国が定める過疎地域で起債できる制度であり、合併特例債と同様に、国による財政支援がある。

第 **6** 章

# コミュニティ目線での
# 都市政策の解法

# 1 コミュニティのビジョンも定める

## 都市計画マスタープランの地域別構想

　市町村が都市の具体的な将来ビジョンを定める**市町村都市計画マスタープラン**（都市マス）では、地区ごとのあるべき姿を定めることになる。この都市マスの策定に際しては、都市計画法の規定により公聴会を開催するなど、あらかじめ住民の意見を反映させるために必要な措置を講じなければならないとされている。

　1993 年の建設省の通知[1] によると、都市マスでは将来の生活像を想定し、目指すべき都市像やその実現のための主要課題、課題に対応した整備方針などを「全体構想」として明らかにするとともに、地域別に、あるべき地域像や実施されるべき施策の方向を「地域別構想」として明らかにすることを求めている。

　『都市計画運用指針』[2] では、この地域の単位を、「地形等の自然的条件、土地利用の状況、幹線道路等の交通軸、日常生活上の交流の範囲、区域区分等を考慮し、各地域像を描き施策を位置付ける上で適切なまとまりのある空間の範囲とすることが望ましい」とされており、地域別構想の策定範囲について、基準となる**コミュニティ**の単位は明確にされていない。実際の運用においても、合併前の旧市町村を地域別構想の策定単位としたり、主要な拠点の周辺のみで地域別構想を定めたりと、市町村ごとにその設定は多様である。


## 地域別構想の事例

　地域別構想の事例をみてみよう。人口 9 万人あまりの岩手県北上市では、16 の地区をあじさいの花に見立て、地区ごとに歩いて用を足せる範囲

の全域を地域拠点として設定している（図1）。さらに、地区の将来像や重点目標を掲げ、その特性に見合った土地利用や開発のあり方、景観形成の方針を定めている。北上市では、都市マスの上位計画である総合計画においても16地区の地域計画が策定されており、都市マスの地域別構想は総合計画の地域計画と整合が図られていることも特徴である。

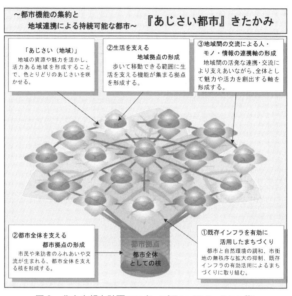

図1　北上市都市計画マスタープラン（出典：北上市[3]）

　北上市では、16地区ごとの地域づくりを進めるために、十分な時間をかけてきた。2000年の総合策定に際し、初めて16地区それぞれの地域計画を策定したことをきっかけに、住民が主体的な地域づくりの担い手となる機運が高まってきた。2008年には地区公民館を交流センターに再編し、16地区の自治協議会を指定管理者とした。また市は、地域計画を推進するための「きらめく地域づくり交付金」（現在の「地域づくり総合交付金」）を創設し、各地区の取組みを支援することとした。2014年には**自治基本条例**や地域づくり組織条例を定め、16地区の自治協議会は各地区を代表して地

域づくりに取り組む組織として位置付けられた。

　16地区のうちの1つである口内地区は、中山間地に位置し、2020年の人口は1,500人を割っている。しかし、2009年には自治協議会を中心にNPO法人を立ち上げ、コミュニティストア「店っこくちない」を運営している（図2）。店っこくちないは、農協直営の店舗が撤退した建物を借り受けており、こぢんまりとした店舗ながら、野菜や調味料、アイスクリーム、洗剤、日刊新聞など、日々の生活に必要な最低限のものが市内のスーパーマーケットと同等の価格で並べられている（図3）。NPO法人では、この店舗を拠点に**自家用有償旅客運送**も実施しており、中山間地ならではの買い物や移動の課題を住民自らが解決することに貢献してきた。**自家用有償旅客運送**の取組みは最新の都市マスの地域別構想においても、コミュニティバスとの連携がうたわれるなど、公共財としての側面を有するようになっている。

図2　店っこくちない
（岩手県北上市／2013年撮影）

図3　店っこくちないの店内のようす

　このように、都市マスの地域別構想にはあるべき地域像を定めるだけではなく、課題解決のために実施されるべき施策の方向付けを行うことで、その**コミュニティ**における課題解決の担い手との**協働**を実現できる可能性を秘めているといえる。

## ワークショップによる検討

　地域別構想の策定に際しては、**ワークショップ**を用いた検討作業が行われることが多くなっている。ワークショップは、1960年代にアメリカ合衆国の造園家である**ローレンス・ハルプリン**がまちづくり分野に導入した課題解決手法であり、我が国でも各種計画の策定や公共施設の建設計画の策定などの場面で、住民どうしや行政との合意形成に用いられている。

　地域別構想が策定されなかった地区においても、小学校の学区単位などで住民が独自にまちづくりの将来ビジョンを描くことがあり、こういった場面でもワークショップが導入されることが多い（図4）。

　一方で、ワークショップの弊害も理解しておかなければならない。このことについては、終章で触れることとする。

図4　東六地区（仙台市青葉区）における地域づくり計画策定のためのワークショップのようす
（2005年撮影）

# 2 生活機能の中心を定める

## 都市の拠点を考える

**都市マス**や**立地適正化計画**においては、「拠点」という語が用いられるが、その数や大きさなど、どのようなルールで都市の拠点を定めるかについては市町村ごとに対応が異なっている。

人口 109 万人を超える仙台市では、都心と 2 か所の副都心をそれぞれ拠点と位置付けているが、地域別構想でもその拠点の範囲は抽象的にしか表現されていない。一方で、前節で紹介した北上市では、市内すべての 16 地区を対象に、地区ごとに地域拠点の範囲を面的に定め、すべての地区にお

図 5　集落の主要道路沿いに面的に設定された拠点（岩手県北上市口内地区）（出典：北上市[4]）

いて土地利用を含めた戦略を明確にしている。これは新幹線駅がある市の中心部でも、中山間地でも同様である（図5）。

## 誘導施設

　**立地適正化計画**では、**居住誘導区域**の中に、都市の拠点となるべき区域である都市機能誘導区域を設定する。**都市機能誘導区域**では、居住者の共同の福祉や利便性の向上を図るために必要で、かつ都市機能の増進に大きく寄与するものを、**誘導施設**として定めることとなっている。

　誘導施設には、公共施設だけではなく、民間の施設を定めることもでき、その施設の立地には財政支援[5]も講じられる（表1）。なお、立地適正化計画の考え方においては、誘導施設はこれから区域内に誘導すべきものにすぎない。すなわち、将来にわたって区域内に存在すべき施設を定めたものではないため、すでに区域内で充足している施設は誘導施設として設定されないこともある。

表1　誘導施設の例

| 高齢化の中で必要性の高まる施設 | ・病院・診療所などの医療施設<br>・老人デイサービスセンターなどの社会福祉施設<br>・小規模多機能型居宅介護事業所<br>・地域包括支援センター　　　　　　　　　　など |
| --- | --- |
| 子育て世代にとって居住場所を決める際の重要な要素となる施設 | ・幼稚園や保育所などの子育て支援施設<br>・小学校などの教育施設　　　　　　　　　　など |
| 集客力がありまちの賑わいを生み出す施設 | ・図書館や博物館などの文化施設や集会施設<br>・スーパーマーケットや銀行などの商業施設　　など |
| 行政サービスの窓口機能を有する施設 | ・市役所などの行政施設　　　　　　　　　　など |

## 拠点性とコミュニティ

　**都市マス**において、市街地の中心部にしか拠点を置かないことは、小さな単位の**コミュニティ**のこれからのあり方が都市政策で明確にされないことに等しい。

　山形県鶴岡市は、2005年に6市町村による**平成の大合併**を行い、2020年の人口は12万人あまりである。**立地適正化計画**と**都市マス**を一体化した「鶴岡市都市再興基本計画」を2017年に策定しており、早期に策定された立地適正化計画の1つとして知られている。鶴岡市では、合併前の旧町村役場周辺地区を地域拠点に定め、旧鶴岡市の中心部は中心拠点に定めることで**都市機能誘導区域**に組み込んでいる。合併前の旧市町村ごとには地域振興計画が定められており、これをもって都市マスの地域別構想に充てることとなっている。一方で、都市機能誘導区域は旧鶴岡市の3地区に限られるため、旧市町村の中心部においては、都市政策として必要な施設を誘導するための方策を伴っていないことになる。

　埼玉県宮代町は、人口3万人あまりの南北に細長い都市で、1899（明治32）年に東武鉄道（現在の東武伊勢崎線）が開業したことに伴って、都市の骨格が形成されていった。2023年に策定された**立地適正化計画**では、東

図6　コミュニティセンター進修館（埼玉県宮代町／2023年撮影）

武伊勢崎線の３駅の周辺それぞれに**居住誘導区域**と**都市機能誘導区域**を設定しており、それぞれが３つの中学校区と対応している。また、**誘導施設**にスーパーマーケットや公民館などのコミュニティ施設を設定していることが特徴であり、**コミュニティ**ごとの生活の実態に寄り添った都市政策となっている。このうち、コミュニティセンター進修館（**図6**）は、1980年に建設されたホールや集会室などからなる施設で、**市民活動**などに利用されており、いつもにぎわいが絶えない。既存の施設をあえて誘導施設として明記し、この先も現在の施設が果たしている役割を継承しようとする町の強い意志がうかがえる。

# 3 地域の隅々まで移動手段を確保する

## 移動手段を死守する

公共交通が損なわれると、医療・福祉・教育などの地域格差が生じ、買い物が不便になる。しかし、我が国の公共交通は交通事業者の経営的な視点が重視され、路線ごとのコストパフォーマンスを厳格に管理する傾向が強まっている。

JR各社では路線ごとの旅客密度を公表している。1日当たりの輸送密度が1,000人未満の線区は、いわゆる赤字ローカル線と呼ばれ、存廃議論の対象となり、JR各社と沿線自治体が話し合うための特定線区再構築協議会を国が設置する基準となっている。採算性が重視されるなかで、鉄道よりも輸送コストが低いバスに注目が集まり、その結果として各地で鉄道からBRTへの移行、あるいは新規の交通手段としてBRTの導入の検討も進められている。

103

## 住民発意の交通手段

　**地域公共交通計画**において公共交通の再編の方向性が定められたことに対応すべく、交通空白地などの交通手段としてコミュニティバスなどの地域交通を導入するケースが増えてきている。その運行主体は市町村や交通事業者であることが多いが、なかには住民らがNPO法人や協議会を組織し、その下で運行する地域交通もある。

　坪沼地区は仙台市太白区郊外の農村地帯で、バス事業者が早々に赤字路線から撤退した地区である。そこで、4町内会で組織する坪沼乗合タクシー運営協議会における検討を経て、仙台市がタクシー事業者に運行を委託する形で、2006年から定時定路線型の乗合タクシー「つぼぬま号」の運行が始まった（図7）。2020年には、**デマンド交通**として再編され、**地域公共交通計画**にも位置付けられることで、持続可能な交通手段となっている。

　第1節で紹介した北上市口内地区の**自家用有償旅客運送**も住民発意の交通手段であるといえる。

　一方で、災害が新たな交通手段をもたらした事例もある。**東日本大震災**の津波で大きく被災した宮城県石巻市では、自家用車を失った被災者向けに自動車を貸し出すカーシェアリング事業が立ち上がった。震災をきっか

図7　公共施設に立ち寄るつぼぬま号（仙台市太白区／2019年撮影）

図8　コミュニティカーシェアリングの車両（宮城県石巻市／2018年撮影）

けに設立された一般社団法人が全国から寄贈を受けた車輌を被災者に貸し出す仕組みで、当初は民間の助成金を財源とした支援活動だった。

　復興が進み、被災者が**応急仮設住宅**から**災害公営住宅**に移ると、このカーシェアリング事業も様変わりした。自動車の共同利用は医療や買い物などのための移動手段であるのと同時に、「カーシェア会」と呼ばれる**コミュニティ**内でのサークル活動としての側面を有し、近所どうしで小旅行に行くなど、親睦にも役立てられている。ヨーロッパでは前例があったが、我が国としては最初の「コミュニティカーシェアリング」の事例となった（図8）。この事業は一般社団法人が自動車の調達やメンテナンスを担う一方で、運営ルールについては住民たちの話合いに拠っていることも特徴である。また、運営費はカーシェア会の自己負担を原則としつつ、市ではカーシェア会向けの助成制度を構築するなど、公共性の高い交通手段としての地位が確立されているのも特徴である。


## 採算性から公共性へ

　ヨーロッパでは採算性よりも公共性を重視し、赤字であることを前提に公共交通の経営を行うことも一般化してきている。我が国でも、2022年3

月から石川県珠洲市で公共交通の無償化が始まるなど、今後の全国の公共
交通の動向が注目される。

# 4 公共施設をリニューアルする

## 採算性のための公共施設のマネジメント

　公共施設は、特に高度経済成長期に人口が拡大した時期に集中的に整備
されたため、その多くの耐用年数が近付いている。加えて、少子高齢化社
会の到来やライフスタイルの変化などに伴い、小中学校は既成市街地で過
剰で、新市街地で不足気味、児童館や高齢者施設などの福祉施設も不足気
味であるなど、公共施設のニーズは大きく変化している。そこで、**公共施
設等総合管理計画**によって公共施設の総量コントロールを行うことを通じ
て、将来の財政負担の軽減を目指す必要がある。

　たとえば、仙台市における同計画の策定当初では、公共施設などの維持
管理や更新のために支出できる予算は、当初の水準で年間601億円である
のに対し、将来必要な平均コストは年間844億円であり、平均で毎年243
億円不足していた（図9）。実際には、これ以上の費用が必要となる年もあ
るため、これらの突出した支出ピークを押し下げ、平均的な支出も平準化
させる必要があることがわかる。

　多くの場合、複数の老朽化した施設を複合化することにより延べ床面積
を削減しながら、効率的な管理運営手法を導入したり、当初の耐用年数を
超えられるよう、修繕により長寿命化を図ったりすることで、財政規律の
正常化を実現させていく。

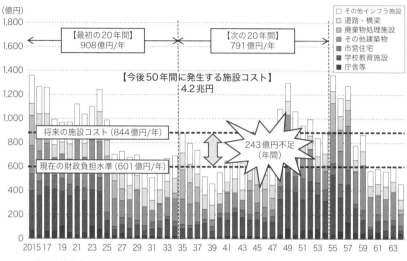

図9　仙台市における公共施設などの維持コストの試算（出典：仙台市[6]の一部を加工）

## 複合化にみる合意形成の課題

　第5章でも紹介した通り、**公共施設等適正管理推進事業債**の実質的な補助率の高さも相まって、公共施設の更新に際しては、既存の複数の公共施設の機能を複合化する手法が採用されることが多い。さらに、この起債制度を使用できる期限が不透明であるため、地方自治体は制度が終了する前の施設更新を狙い、限られた時間での拙速な判断を進めざるを得ない状況にある。

　宮城県の**公共施設等総合管理計画**は 2016 年 7 月に策定され、2019 年 3 月に一部改訂された。県有施設の老朽化が進んでいるとの共通認識は庁内でも形成されていたが、計画においては複合化対象施設のリストアップや適地の選定などは行われてこなかったため、計画策定後も、施設の所管部局がそれぞれリニューアル方針を定めていた。たとえば、「宮城県美術館リニューアル基本方針」（2018 年 3 月策定）や「宮城県民会館整備基本構想素案」（2019 年 9 月策定）などがそれに当たる。当初の各施設のリニュ

ーアル方針では、美術館では大規模修繕を伴う増床、県民会館は移転建替えによる増床を目指していた。

　このようななか、県は2019年11月、有識者による懇話会において「県有施設等の再編方針」案を示し、美術館と県民会館などを複合化し、移転させる方針が明るみとなった。

　宮城県美術館は、**ル・コルビュジエ**の弟子である前川國男が晩年に設計した建物であり、1981年の開館以来、多くの県民に愛されてきた（図10）。その美術館が移転建替えを伴う複合化の対象となったことは、実質的には施設の閉鎖や取り壊しを意味するものであったため、県民からの不満が噴出した。また、県民との間で一切の議論の機会がないまま、複合化施設の配置案が示されるなど、合意形成プロセスの稚拙さも垣間見えた。このことから地元紙ではたびたび特集記事が組まれ、前川國男による建築物の歴史的な価値や、観光資源の集積した現行施設一帯のまちづくりへの影響など、さまざまな視点から問題提起が行われた。また陳情や署名活動、複合化案へのパブリックコメントなどを通じて、移転反対論が渦巻いた。一方で、**公共施設等総合管理計画**や**公共施設等適正管理推進事業債**の仕組みに触れた論争は当初ほとんど行われることはなかった。

図10　宮城県美術館（仙台市／2016年撮影）

結果的に、県は美術館を除いた施設を複合化させ、**公共施設等適正管理推進事業債**の適用を受けない形で県民会館の機能を大幅増床する方針となった。一方で、増床を期待して反対運動を行った県民を尻目に、美術館は**公共施設等適正管理推進事業債**の適用範囲で、増床を伴わない長寿命化が図られることになった[7]（図11）。

　地方自治体にとっての財政上の喫緊の課題を解決するための公共施設の再編が、住民らのノスタルジーによって無条件に阻止されることは望ましいことではない。仮に、現状維持を選択する道が開けるとすれば、地方自治体と住民の間で、相互の価値観が共有されることが必要であり、その前提としては住民も公共施設をめぐる課題や限られた選択肢を熟知するための機会が講じられることが重要である。

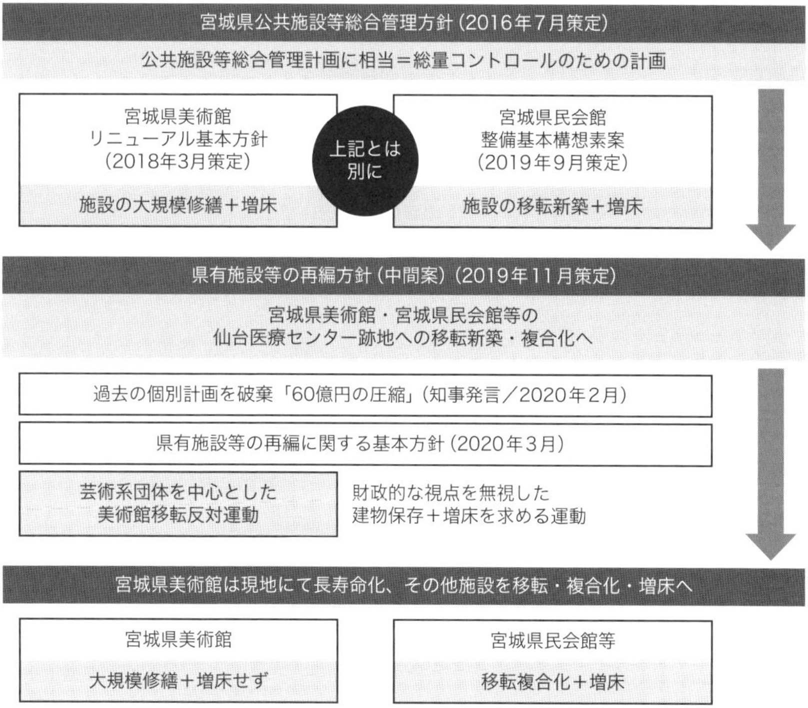

図11　宮城県美術館をめぐる問題の変遷

注釈・参考文献

1）1993 年 6 月 25 日建設省都計発第 94 号通知。
2）国土交通省：『第 12 版 都市計画運用指針』，2023，pp.31-32
3）北上市：『北上市都市計画マスタープラン』，2022，p.36
4）北上市：『都市計画マスタープラン地域別構想』，2022，p.66
5）誘導施設の整備に際しては、市町村の施設であれば 1/2、民間施設であれば 1/3 を目処に国からの補助がある。
6）仙台市：『仙台市公共施設総合マネジメントプラン』，2014，p.8
7）小地沢将之，星歩美：『公共施設等総合管理計画に基づく公共施設複合化にみる課題』、日本建築学会大会学術講演会梗概集，都市計画分冊，2020，pp.89-92

# コミュニティの主体性

# 1 旧来的な集落組織

## 町内会のすがた

**町内会**は、自治会や区会など、地域によって呼び方はさまざまである。その成り立ちは、第3章で紹介した通りである。

町内会などの地縁組織は全国に30万団体以上あるといわれている。かつては、現代ほどライフスタイルが多様ではなく、三世代同居の世帯も多かったことから、すべての世帯が人員を出し合う方式で、地域の自治を成立させてきた経緯がある。現代の町内会では、地域のパトロールや通学時の子どもの見守り、倒壊のおそれがあるブロック塀の通報など、期待されている社会的役割が大幅に拡大している。昭和40〜50年代に日本防火協会が毎日放映していた「〽戸締り用心、火の用心〜」のテレビCMに代表されるように、当時の町内会の役割は啓発活動が中心だったが、これと現代の役割が異なっていることは一目瞭然である。

町内会活動は、第4章で紹介した**NPO**などによる**市民活動**とは異なるものだととらえられがちである。町内会などの活動は地域住民としての「義務的」なもの、市民活動は「自発性」や「主体性」が重要なもの、と区分されることが多い。

町内会活動やそれを取り巻く活動にはどのようなものがあるか、その一部をみてみよう。

表1に挙げた地域活動のうち、非常勤の地方公務員である民生委員や消防団による活動もあるが、多くの地域ではこれらの人材も町内会などの地縁組織を通じて選出している。そのほかの活動も、町内会などの地縁組織の中から代表者や担当者を選び、これらの活動に人員を充てることが一般的だったので、地域活動に参加することは**コミュニティ**において果たさなければならない「義務的」なものと受け止められがちであった。

表1　町内会をはじめとする地域活動

| 地域の自治に関する活動 | ・町内会などによる活動 | など |
|---|---|---|
| 祭礼行事に関する活動 | ・神社・寺などによる活動<br>・商店街による活動 | など |
| 福祉に関する活動 | ・民生委員による活動<br>・社会福祉協議会による活動<br>・共同募金会による活動 | など |
| スポーツ振興に関する活動 | ・PTA や町内会などの協働による地区運動会などの活動<br>・体育振興会による活動<br>・各種競技団体による活動 | など |
| 子育てに関する活動 | ・PTA による活動<br>・学社連携事業としての活動 | など |
| 防災に関する活動 | ・自主防災組織による活動<br>・消防団による活動 | など |

　町内会などのコミュニティが公共領域の担い手であることは、必ずしもそれへの参加が義務であることを意味しない。第2～3章で紹介した、コミュニタリアニズムと自発性や主体性との関連に注意した地域活動の運営が必要である。

## 認可地縁団体

　**町内会**などの地縁組織は、いわゆる任意団体である。たとえば、町内会費を管理する銀行口座は、団体名を冠した会長の個人名義の口座となるし、集会所を建てれば、その登記も会長の個人名義で行わざるを得ない。

　2000 年代には、仙台市営住宅のある町内会の会長が 6 年間で総額約1,300 万円を着服していたことが発覚した。また、別の町内会では、9 年間で約1,200 万円を着服していた。町内会は、市町村から委託を受ける形で行政機能の一部を担うこともあるが、実態としては任意団体の会長個人と契約する不安定なものである。実際にいずれの事例も、市から町内会への委託業務が多数あり、その多額の委託費が災いした事例である。

第**7**章 コミュニティの主体性

地方自治法の改正により、1991年より町内会などの地縁組織が法人格を取得する制度が導入されており、この認可を受けた団体を**認可地縁団体**と呼ぶ。当初は、不動産の登記名義人になるための制度として創設されたため、不動産の所有や**入会**権が設定されている場合などを認可の要件としていたが、2021年の法改正により、この要件が不要となっている。地縁組織の公共性を担保しようとするならば、認可地縁団体となることが有力な選択肢であることはいうまでもない。


# 2　さまざまな主体の連帯


## 町内会とほかの主体の連携

　地域によってその実態はさまざまであるが、**町内会**などの地縁組織を小学校区単位などで束ねるために、連合組織が結成されていることが多い。連合町内会などと呼ばれ、防犯や防災、学校教育と社会における教育を融合させる**学社連携事業**など、広域的に対応すべき取組みの窓口や担い手となっている。一方で、地縁組織の連合体であるからといって、その取組みの効果が地域住民全般に波及するとは限らない。

　第3章では、多くの**マンション**ではマンション管理組合が設立されていても、町内会が設立されていないケースが多いことを紹介した。こういった場合、町内会の連合組織による取組みは、マンション住民には情報として届きにくく、その効果も及びにくい。同様に商店街振興組合などによる地域活性化の取組みなども、地域自治を主たる活動目的としている地縁組織には伝わりにくい。

　神戸市では、1990年からおおむね小学校区単位で「ふれあいのまちづく

り協議会」を住民たちが自主的に組織している。協議会は、地域福祉セン
ターを拠点に、センターの指定管理を受託したうえで、福祉活動や交流活
動などを展開している。この協議会には、町内会の連合組織だけではな
く、老人クラブや婦人会、地域のサークル団体、商工組織などが参加する
ことにより、地域内のさまざまな主体が連携し、それぞれの団体の強みを
発揮しながら、地域の課題解決に取り組むことができる。

　神戸市では、ふれあいのまちづくり協議会とは別に、まちづくり条例を
1981年に策定し、地区ごとの**まちづくり協議会**においてハードのまちづく

表2　遊佐町まちづくり基本条例（抜粋）

| 前文 | 今、新たな分権型社会を構築していくにあたり、私たち町民は、遊佐町を愛し、豊かな自然と共生し、先人たちが積み重ねてきた歴史、文化を次の世代に引き継ぎ、お互いの幸せとまちの繁栄を築いていくため、さらなる町民主体の自治を進めていかなければなりません。<br>そのためには、町民自らがまちづくりに積極的に参画し、町民と町が情報を共有し、協働による元気のでるまちづくりを進めていくことが必要です。<br>ここに、私たちは、遊佐町のまちづくりを進めるための基本的な原則を定め、町民主役による自治を実現するために、この条例を制定します。 |
|---|---|
| 第1条 | 遊佐町におけるまちづくりの基本的事項を定め、町民及び町のそれぞれの権利や責務を明確にし、遊佐町の自治の推進及び確立をめざすことを目的とする。 |
| 第3条 | 町民及び町は、町民主体のまちづくりを実現するため、互いの立場を尊重し、平等の認識のもとに、主体性と責任をもつて町民自治を推進する。 |
| 第6条 | 町民は、まちづくりに関する情報を知る権利及びまちづくりに参画する権利を有する。 |
| 2 | まちづくりにおいては、町民が平等な立場で、自由に参画できる権利を有する。 |
| 第7条 | 町民は、まちづくりの主体者であることを自覚するとともに、まちづくりへの参画が自治の実現につながることを認識し、発言と行動に責任を持ち、積極的なまちづくりへの参画に努めるものとする。 |
| 2 | 町民は、町民主体による自治の認識のもとに、積極的に地域課題の解決に取り組むものとする。 |
| 第8条 | 町は、すべての町民が、まちづくりに平等に参画できる権利を保障するものとする。 |
| 第29条 | 町民及び町は、遊佐町まちづくりセンターの設置及び管理に関する条例第2条で規定する各まちづくりセンターの地域にまちづくりを推進する組織（「地域自治組織」という。）を設置し、自主的な町民自治の強化に努めるものとする。 |
| 2 | 町は、自主的な地域づくりや地域の自発的な協働活動を推進するため、地域自治組織に対して、地域活動交付金の交付を行うものとする。 |

りの検討を行う体制を有している。**阪神・淡路大震災**においては、被災者支援の面ではふれあいのまちづくり協議会が、復興都市計画の協議の面ではまちづくり協議会が活躍した。


## 自治基本条例とまちづくり

　市町村では、住民にとっての最高規範として、**自治基本条例（まちづくり基本条例）**を策定し、そのなかで市町村や住民の役割を定義する取組みが進められている。NPO法人公共政策研究所の調査では、2023年4月時点で、407市町村が自治基本条例を策定済みである。

　自治基本条例においては、地区の単位を明記し、地区ごとの課題解決の担い手として**まちづくり協議会**を位置付けているものも多い。山形県遊佐町では、2007年にまちづくり基本条例を策定し、2011年の改正では、まちづくり協議会に相当する地域自治組織が当時の小学校区ごとに設置されたまちづくりセンターを拠点に「自主的な町民自治」を担うことがうたわれている（表2）。


# 3 まちなかの活性化

## 都市再生の必要性

　我が国では、成熟社会が到来したものの、過去の急激な都市化に起因した負の遺産が山積している。たとえば、長時間通勤や慢性的な交通渋滞、都心におけるオープンスペースの不足などが挙げられる。加えて我が国では、諸外国に比べると情報化や国際化などへの対応の面で後れを取ってお

り、産業や文化などの活動が共有される場としての都市のあり方を再構築しなければならない。

　特に若い世代は、まちなか（都市機能が集約された中心市街地などの都市部）と接しないまま暮らすことが可能な時代を生きており、まちなかの再生の必要性について、認識を共有することが困難になりつつある。しかしながらまちなかには、数百年かけて構築された歴史的・文化的資源の蓄積があり、この魅力を安易に捨てることは望ましくない。また、第5章でも紹介したように、都市政策は**コンパクトシティ**を重視すべき時期にあり、これまでの公共投資の成果も相まって、引き続き集中的に投資を行うことによって得られる効果は絶大である。加えて、市町村にとってはまちなかの不動産価値を高めたり維持したりすることが、財源の多くを占める**固定資産税**の安定的確保に結び付く（図1）。

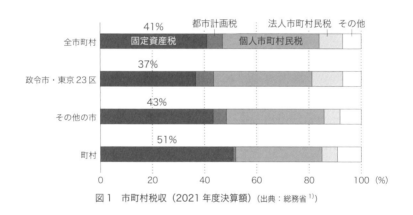

図1　市町村税収（2021年度決算額）（出典：総務省[1]）

## まちなかの衰退と活性化

　**城下町**の町人地、街道筋の**宿場町**、寺社仏閣の目の前の**門前町**など、我が国の都市は、中世の都市構造が基盤となり、まちなかの骨格が形成されてきた。かつては老舗が立ち並んでいたまちなかだが、現在では衰退の一途をたどっている（図2）。その衰退の原因をいくつかみてみよう。

図2　シャッター街化する商店街（宮城県名取市／2024年撮影）

## ドーナツ化現象

　**高度経済成長期**には、都市部に人口が集中した。**安定成長期**に差し掛かると、1973年に導入された**変動為替相場制**をきっかけに円高が進行したが、それでもなお魅力的であった我が国の市場には、海外からの投資が盛んになった。都心には、新たなオフィスや商業施設が増加したことに伴い、地価が高騰した。これに伴い、かねてからの住民や老舗にとっては、**固定資産税**の急上昇に伴う負担が増し、都心からの撤退を余儀なくされた。これによって、都心の夜間人口のみが空洞化した（**ドーナツ化現象**）。

## モータリゼーションと郊外化

　**ニュータウン**建設が進められた郊外には、外資系のファミリーレストランやスーパーマーケットなどが出店するようになった。アメリカ型のライフスタイルへのあこがれをもった公団住宅住まいの核家族にとっては、郊外での消費活動が一般化し、**ロードサイド**がますます発展していった（図3）。安定成長期以降に進展した**モータリゼーション**も、ロードサイドの発展を後押しし、結果として、まちなかでの購買意欲の減退へとつながった。全国各地の至る所で風景が均質化していく2000年代のロードサイドのよ

図3　ロードサイドの街並み（宮城県名取市／ 2024 年撮影）

うすについて、評論家の三浦展は「ファスト風土化」と称した[2]。

## バブル経済

　1985 年 9 月、いわゆるプラザ合意をきっかけとした円高の進行に伴う不況を防ぐための方策として、国内での需要の喚起のための低金利政策が始まった。これに伴い、不動産投資が加速し、「土地は値下がりしない」という土地神話すら生まれた。本来の評価額をはるかに上回る価格での不動産取引が行われるようになった**バブル経済**の到来により、都心の地価は高騰し、固定資産税の上昇から、都心離れがますます加速した。

## インターネットショッピング

　1997 年に楽天市場が、1999 年に Yahoo! ショッピングが登場し、2001 年にアマゾンジャパンによって企業などが出品できるサービスが開始されると、各社が競ってインターネットショッピングのプラットフォームの提供を行うようになった。この競争の中で、即日配達や翌日配達などのサービスが拡充したことで、在宅で欲しい物を手に入れることが容易となった。従来は、店舗に出向かなければ商品は手に入らなかったし、そこに欲しい

物がなければ探し回る必要もあったが、インターネットショッピングの隆盛により、顧客が移動しなくても買い物が成り立つ時代となった。このことは、対面販売にとって猛烈な逆風となった。

さらに、2020年からの新型コロナウイルスの感染拡大も、事業者が対面販売からの転換を進めるきっかけとなった。

経営者の高齢化

2021年に中小企業庁が全国の商店街を対象に実施した商店街実態調査[2]によると、「商店主の高齢化・後継者の不在」が退店・廃業した理由の最上位になっている（表3）。過去のさまざまな困難を乗り越えてきたまちなかの事業者も、後継者がいないことが駄目押しとなっている。

表3　退店・廃業した理由（出典：中小企業庁[3]）

| 退店・廃業した理由（複数回答／2つまで） | 割合（%） |
| --- | --- |
| 商店主の高齢化・後継者の不在 | 68.1 |
| 他の地域への移転 | 22.7 |
| 商店街に活気がない | 13.0 |
| 同業種との競合 | 9.2 |
| 立地条件・交通環境の悪化 | 2.7 |
| 大型店の進出 | 2.2 |
| 大型店の退店 | 1.5 |
| 公共施設の撤退 | 0.3 |
| その他 | 23.0 |

# まちづくり三法

**バブル経済**が崩壊した後、国は**まちづくり三法**と呼ばれる3つの法律の改正や創設を行い、まちなかの再興に取り組んだ。

## 都市計画法の改正

　従来の**用途地域**は、全国で一律に 13 種類[4] しかなく、都市の歴史的な成り立ちを考慮した時に、まちなかの主要な産業を守りにくい事情があった。1998 年の改正都市計画法では、市町村独自に**特別用途地区**を設定可能になり、地域産業などの実態にあわせた土地利用の規制が実現することになった。たとえば、**令和 6 年能登半島地震**で大火に見舞われた石川県輪島市の中心部は、輪島塗の工場が建ち並んでいるが、これらの用途を許容しつつ、住宅街の環境を守るためには、ほかの工場の立地を規制する必要があった。そこで市は 2008 年に特別用途地区を設定し、床面積 300m² 以下で、防音対策を施すなどの要件を満たした漆器製造作業所については立地できることとした。

　また、2006 年の都市計画法の改正では、床面積が 1 万 m² を超える大規模集客施設の住宅地への立地を規制し、良好な住環境を確保することとなった。

## 大店立地法の創設

　旧来の大規模小売店舗法（大店法）は、消費者利益や中小小売業の保護の名のもとで、大型店の出店調整を行っていた。国や都道府県の判断によって一定規模以上の出店を抑制することができる仕組みは、まちなかの老舗の保護につながる仕組みではあったが、世界貿易機関（WTO）の協定違反であるとの指摘もあり、市場開放へ向かうことになった。

　2000 年に新たに創設された**大規模小売店舗立地法（大店立地法）**は、床面積が 1,000m² を超える店舗は、都道府県または政令市に対して出店する大型店の概要を届け出ることをもって、立地に伴う周辺の生活環境への影響の緩和を確約する仕組みである。出店側は、交通渋滞が起きないよう配慮し、廃棄物の減量化や防災対策、騒音防止、街並みづくりなどにおいても気を配ることが求められるようになった。

中心市街地活性化法の創設

　**中心市街地の活性化に関する法律（中心市街地活性化法）**は、1998 年に制定された[5]。当初は市町村認定の **TMO**（Town Management Organization）のもとで中心市街地活性化基本計画を策定し、商業振興に特化した取組みを実施するものだった。

　2006 年の改正により、基本計画の策定は市町村が直接行うことになり、商工会議所や商業者に加え、地権者なども加わることができる中心市街地活性化協議会の意見を計画に反映させることになった。商業振興以外の面でもまちなかの活性化に寄与できるものであれば総合的かつ一体的に取り組めるようになったことも特徴である。

　たとえば山形県酒田市の第 1 期計画（2009 年 3 月〜 2015 年 3 月）では、空き店舗を改装した「さかた街なかキャンパス」を東北公益文科大学の研究拠点としながら、市民らとの連携によりにぎわい創出を行う取組みを行った（図 4）。このように、まちなかは商業以外の機能をも積極的に受容する場所へと変化しつつある。

図 4　さかた街なかキャンパスにおいて他大学の学生の滞在型学習を東北公益文科大学が受け入れて指導しているようす（山形県酒田市／ 2009 年撮影）

## 商圏の大きさと居住者の少なさ

　特に大都市では、まちなかの商店街の商圏は大きいものの、相対的にまちなかの居住者や事業者が少ない。ユーザーである顧客がまちなかの課題を身近に感じていたとしても、商店街の一員でなければ、一般には活性化の議論には加われない。まちなかをめぐる課題が多様化し、担い手が不足するなかでもなお、商店街は排他的な組織であるべきだろうか。

　そもそも商店街は、商店街振興組合や事業協同組合などの組合組織である場合が多く、単独では零細な事業者たちが相互に支え合う意志を備えた組織体である。**テンニース**が**ゲノッセンシャフト**として期待したことからもわかるように、商店街は単なる利益追求集団ではない。

　国際協同組合同盟（ICA）は 1995 年、協同組合のあるべき姿を定めた協同組合原則の改定を行った。そのなかで、協同組合の役割として「コミュニティへの関与」を初めて掲げたことを契機に、地域社会の持続可能な発展に向けた協同組合の社会的責任は強まった（**表 4**）。ICA 理事会の見解をふまえたバックグラウンドペーパーには、「協同組合はしばしばその**コミュニティ**と密接に結びついている。協同組合はコミュニティの経済的、社会的、文化的な発展が確実に持続できるようにする特別な責任をもつ。協同組合はコミュニティの環境保護のためにしっかり活動する責任がある」と、この原則の意義が表現されている。この社会的な役割が内向きにではなく、**創発性**を伴う形で発揮されることで、まちなかのユーザーが応援団として活性化に関与できるようになるのではないだろうか。

表 4　協同組合原則

| | |
|---|---|
| 第 1 原則 | 自発的で開かれた組合員制 |
| 第 2 原則 | 組合員による民主的管理 |
| 第 3 原則 | 組合員の経済的参加 |
| 第 4 原則 | 自治と自立 |
| 第 5 原則 | 教育、研修および広報 |
| 第 6 原則 | 協同組合間の協同 |
| 第 7 原則 | コミュニティへの関与 |

# 4 エリアマネジメント

## 課題解決型のまちづくり

　地区一帯の課題解決を行いながら、地区の価値向上へとつなげる都市再生の取組みを**エリアマネジメント**と呼ぶ。そのためには、地域住民らは課題解決力を備え、自らがその解決のための取組みの企画や実践、評価を行うことが基本となる。また、地域のさまざまな資源を掘り当てたり活用したりすること、公共財を含む地区の資産を所有したり管理したり利用したりすることを伴う活動である。

　東京の都心である大手町・丸の内・有楽町地区の**まちづくり協議会**などが取り組む都市空間の形成の取組み、札幌駅前通の**まちづくり会社**が取り組む地下歩行空間の不動産活用の取組みなどが有名であるが、住宅地や地方都市での取組みも模索されつつある。

## 都市再生推進法人によるまちづくり

　2002 年に制定された都市再生特別措置法では、まちなか以外でも都市再生を推進していくべきとの方向性が明確になった。市町村の認定を受けた**都市再生推進法人**がそのエリアのまちづくりの担い手となる事例も増えてきている。

　仙台市若林区の荒井東地区は、仙台市営地下鉄東西線の東側の終着駅である。同地区の目前まで**東日本大震災**の津波は到来し、当初は市営住宅の用地となる予定だった**土地区画整理事業**の保留地には、東日本大震災の**災害公営住宅**が建設されることになった（図 5）。震災以前より、土地区画整理組合が保留地を処分してまちづくりを終わらせることには否定的で、そ

図5　荒井東地区（仙台市若林区）のようす（中央に見える2棟の建物は災害公営住宅）
（写真提供：仙台市／2015年撮影）

の先を見据えたまちづくりを行うことが構想されていた。その推進役であった地元の**まちづくり協議会**を母体に設立された法人は、2016年に**都市再生推進法人**の認定を受け、都市公園の整備を市と**協働**で行うなど、さまざまな取組みを展開している。まちなか以外での都市再生のあり方だけではなく、地域住民が継続的に地域の課題解決に取り組む手法としても、注目すべき取組みであるといえる。

注釈・参考文献

1）総務省：『市町村税収全体に占める固定資産税収の割合（令和3年度決算額）』、2023
2）三浦展：『ファスト風土化する日本 郊外化とその病理』、洋泉社、2004
3）中小企業庁：『令和3年度商店街実態調査報告書』、2021、p.62
4）用途地域は1993年の法改正により8種類に、2018年の法改正で現在の13種類になった。
5）制定当初の名称は、「中心市街地における市街地の整備改善及び商業等の活性化の一体的推進に関する法律」であった。

## コラム **2**

# その地区に引き続き住みたいと思うか

　筆者が地区住民を対象とした調査を行う際、「その地区に引き続き住みたいと思うか」という設問を設ける場合がある。

　ある中山間地のＳ地区では、引き続き住みたいと思う住民は、農山村の風景を守りたいと考える一方で、移住者の受入れに否定的な考え方を持っている傾向があることがわかった。すなわち、その地区への愛着の強さは、排他的なふるまいを伴う可能性があるといえる。

　かつてこの地区は観光地として賑わっていたため、宿泊業などに従事する人たちの転入が多かった。単身者向けの社員寮が多数整備されており、結婚後、地区に定住する世帯も多かったが、現在では排他的な地区住民の気質が増したのか、短期間での転出する人たちが増えた。

　一方で、地区の医療や福祉の乏しさから、生まれ育った地区をやむなく転出したいと考える住民も増えている。

　その地区に居住した背景、いままで転出しなかった理由、いま転出したい理由に目を向けると、その地区の持続可能性を考えるうえでの課題が浮き上がりやすくなる。

### 考えてみよう ·····················································

　人口減少が進む地区への移住促進を図るためには、どのような取組みが必要だろうか。ある地区への移住者が増えるということは、別の地区での転出者が増えるということにつながってしまうが、それでも移住者の獲得はまちづくりにおいて重要だろうか。

第 **8** 章

# 郊外住宅地の再生

# 1 都市は中心から外側へ

## 産業革命と都市の拡大

　第2章で紹介したように、都市の成り立ちは**農耕革命**によって**定住**が可能になったことに始まる。地縁・血縁により結び付いた**コミュニティ**による自給のための食糧生産こそが、初期の都市にとっての核であった。すなわち、住民は生産者であり消費者であった。

　18世紀後半、イギリスで**産業革命**が起こった。規格化された製品を工場で大量生産するようになったこの出来事は、都市の姿を激変させた。産業革命によって、多くの労働者が工場で働き、そこで得た賃金により食糧を手に入れられるようになったことで、生産と消費の分離が始まった。

　中世の**ギルド**の時代とは大きく異なり、工場で生産された製品はその生産地のみで消費されるのではなく、広域に販売された。広域な移動を実現するために周辺の都市との間で鉄道が敷かれ、港湾が建設されるなど、交易や輸送のためのインフラが発達した。理想都市のあり方を提言した**アテネ憲章**で「移動する」ことを都市の機能として挙げたことも納得がいく。

　このように、生産と消費の分離をきっかけに、都市は外側へと広がりをみせていった。

図1　エベネザー・ハワード
（撮影者・撮影年不明）

## 田園都市とグリーンベルト

　**産業革命**から約100年経過したイギリスの都市は、工場の集積や人口の集中が進む一方で、食糧生産のあり方がないがしろにされており、都市機能の見直しが急務であった。そ

こで、社会改良家の**エベネザー・ハワード**（図１）は、1898年に**田園都市**
構想を発表し、都市と農村の融合を目指した。このなかでハワードは、都
市の**スプロール**を抑制するために、中心都市の人口を58,000人に定め、そ
こから30〜50km離れたところに放射状に人口32,000人の田園都市を配置

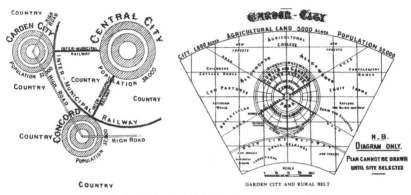

図２　田園都市構想のダイアグラム（出典：ハワード [1]）

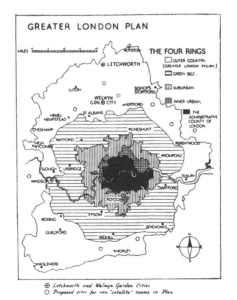

図３　大ロンドン計画におけるグリーンベルト（出典：ハワード [2]）

する方針とした。これにより、利便性と食糧供給をそれぞれの都市で実現し、相互補完し合う関係とした（図2）。

　都市間に緩衝帯を設けた**田園都市**の考え方は、**産業革命**以来の人口過密の解消と第二次世界大戦からの復興を同時に実現した**パトリック・アバークロンビー**による**大ロンドン計画**の**グリーンベルト**にも継承されている（図3）。また我が国においては、グリーンベルトに相当する考え方が、戦後の首都圏整備計画において近郊地帯として構想されたり、**区域区分（線引き）**として導入されたりしている。


## 同心円理論とセクター理論

　都市社会学の分野では、都市構造のモデル化に取り組まれてきた。産業発展に伴って移民の流入が深刻化していたアメリカ合衆国のシカゴでは、シカゴ大学を拠点に都市を実験室としてとらえ、都市で起きている社会問題を扱う学問が発展した。この学術研究グループを**シカゴ学派**と呼ぶ。

　1925年、**アーネスト・ワトソン・バージェス**はシカゴの都市構造をもとに、都市モデルとしての**同心円理論**を発表した。都市機能は中心部から同心円状に広がり、「**中心業務地区（CBD = Central Business District）**」を中心に、中心業務地区の拡大を待つ住商工混在の「推移地域」、推移地域から居住域が拡大した「労働者住居地域」、所得の高い人たちが戸建て住宅などに住む「中産階級住居地域」、市域を超えた住宅街である「通勤者住居地域」の5層構造になっていると説明した。

　一方で、**ホーマー・ホイト**は1939年に同心円理論を修正した**セクター理論**を発表した。都市は均質な同心円状を留めることはなく、都市の成長につれて、特定の地域が一定の方向に沿って外縁部へと移動していくという考え方である。産業や住宅地の立地は、交通軸に沿って扇型に広がるという考え方がこのモデルに反映されており、比較的新しい都市ではこのモデルがよく当てはまることが知られている（図4）。

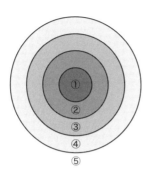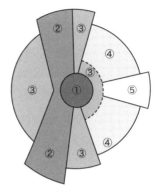

①中心業務地区（CBD）
②推移地域
③労働者住居地域
④中産階級住居地域
⑤通勤者住居地域

①中心業務地区（CBD）
②卸売・軽工業地域
③低級住宅地域
④中級住宅地域
⑤高級住宅地域

図4　同心円理論（左）とセクター理論（右）

# 2 ロードサイド化する社会

## ロードサイド化の弊害

　我が国では、戦後の**ニュータウン**建設、外資系のファミリーレストランなどの進出、**モータリゼーション**の進展などを経て、**ロードサイド**における商業の集積が進んだことは第7章までで解説した。

　大都市近郊では、ベッドタウンとして人口増加を続けている都市も多い。その一部では市街地の拡大を進めるために、庁舎の建替えなどのタイミングで、ロードサイドに公共施設を移転するケースもみられる。こういった考え方は明らかに**コンパクトシティ**の思想に逆行しており、将来にわたって持続可能な生活を確約できる都市構造ではない。

## フォーディズムと郊外化

　我が国の郊外化は、戦後の住宅難が契機となっているが、世界的にはどうだろうか。

　アメリカ合衆国のデトロイトは、かつて自動車産業で栄えた。その労働力となっていたのは、南部から移り住んだアフリカ系アメリカ人であり、1950年ころにデトロイトの人口は180万人に到達した。人種主義が残っていた当時においては、彼らの居住地は都市の一部分に限られていたが、やがて差別的な扱いを排除する最高裁判所の判決が下ると、アフリカ系アメリカ人の居住地は拡大した。

　これを嫌悪した白人は、郊外への脱出を始めた。**ホワイトフライト**と呼ばれる現象で、1950年代以降のアメリカ合衆国では、多くの都市でこの現象がみられた。移民の多いヨーロッパをはじめ、このような動きは現在もなお世界各地でみられている。第3章で紹介した**ゲーテッド・コミュニティ**も、**ホワイトフライト**の結果として形成された住宅地にみられる様式である。

　デトロイトでは、1980年代に自動車の生産拠点の海外移転が進むなどして、2020年の人口はピーク時の3分の1ほどにまで縮小している。現在の

図5　廃虚化したデトロイトの工場（写真：iStock. com/peeterv ／ 2023年撮影）

デトロイトは、新規創業の拠点として再評価されつつあるものの、自動車産業の衰退以降は都心の治安は非常に悪く、一帯が低所得者のスラム街になってしまった（図5）。

　自動車会社の創設者である**ヘンリー・フォード**は、安価な製品を大量生産することで、労働者の高賃金を維持する**フォーディズム**を実現した人物だが、デトロイトのような悲劇は、大量生産と大量消費を基本としたフォーディズムを原因とするものであるとの批判もある。

# 3 大量生産から価値の創造へ

## ジェントリフィケーション

　我が国では、**バブル経済**の終焉後に、金融機関の不良債権であった不動産が大量に市場に供給された。安価な土地を入手したディベロッパーは、都心に**マンション**を大量供給できる機会を得た。いわゆるタワーマンションと呼ばれる高層マンションなどが都心に供給されるようになると、通勤難や高齢化などの社会的な背景も相まって、都心の利便性が多くの世代に再評価されことになり、都心居住を選択する人たちが急増した。かつては労働者階級が居住し、住商工が混在していた**インナーシティ**においても、分譲マンションの建設ラッシュが進んだ。このようなインナーシティの再生や居住者階級の変化を、都市の富裕化を意味する**ジェントリフィケーション**と呼ぶ。

　ジェントリフィケーションは、世界の都市で起こっている。ロンドンでは古いアパートメントハウスが中流階級の住まいとして評価され、ニューヨークのソーホーでは倉庫などの建物を芸術家が活用するようになった。

我が国では、市街地再開発事業などによる面的な開発の促進や防火地区の指定などの不燃化規制などがジェントリフィケーションの引き金になりがちであるとの考え方がある。

　一方でジェントリフィケーションが急速に進むと、地区一帯の地価や賃料が高騰する。労働者階級の住まいの確保を困難にするだけではなく、開発から取り残された場所が生じることにより、結果として所得階級が可視化されてしまうことにもつながってしまう。


## ポスト・フォーディズムの都市

　脱工業化が進んだ都市には、生産者サービス業が集積すると考えられている。会計や法務などの士業、広告代理店、コンサルタント業などがそれに当たり、いわば企業間取引（B to B）の分野である。多国籍企業が事業を展開し、それを支える金融サービスも都市の産業の中心的な存在となる。一方で、これらの人の動きを支える宿泊業や飲食業、清掃、警備などのサービス業も大きな需要を維持するが、前者のサービス業に比べると賃金格差は大きく、後者は移民などの低賃金労働者が担うサービスになるものと予想されている。

　場所や物、スキルなどをシェアする**シェアリングエコノミー**が広く一般化すると、サービスのバリエーションは多様化する。**ライドシェア**などのMaaS は、私たちの移動や消費活動をより便利にするだろう。諸外国のようすをみる限りは、ライドシェアもまた、後者のサービスである。

　**アルビン・トフラー**は 1980 年に『**第三の波**』[3]を発表し、**農耕革命**と**産業革命**に続く社会変革として、情報化社会の到来を予言した。私たちは、インターネットで買い物をすることを通じてまちなかの商業を衰退させ、コロナ禍にもオンライン会議ができることで都心への通勤から撤退する可能性を見出した。

　しかしこれは、情報化社会を消費者として利用したからであり、トフラ

ーが予言した情報化社会とは異なっている。トフラーは、情報化社会の到来により、生産と消費がふたたび合流することを予言した。**シェアリングエコノミー**をはじめ、あらゆるサービスが情報化社会の一部となり、すべての人類が**プロシューマー**（生産消費者）として振る舞うその時、情報化社会は郊外志向の消費者のために存在するのではなく、消費生活という断片的な機能しか持たない郊外の消失をもたらすはずである。

# 4 過疎化する郊外

## 自家用車依存と郊外

　**居住誘導区域**に加えてもらうことができなかった郊外住宅地では、都市政策として公共交通ネットワークが改善されることは見込めず、やむなく自家用車依存の暮らしが続くことになる。

　世界情勢が不安定ななか、原油価格は高止まりを続けることから、ガソリン車に乗り続けることは明らかに不経済である。世界のトレンドを鑑みても、EU諸国や我が国では**温室効果ガス**の削減に向け、2035年のガソリン車の販売禁止を目指しており、ガソリン車に長期的に依存し続けることは難しい。結果として、EV車（電気自動車）に移行するほかないが、EV車の初期投資や維持費の大きさを考えると、平均的な所得の世帯にとっては自家用車は再び高嶺の花となるだろう。

　この観点で、高所得者のための郊外住宅地は持続し得るかもしれないが、多くの所得階層にとっては郊外住宅地での暮らしを経済的にまかなうことが次第に困難になってくるものと予想される。第5章で紹介した**立地適正化計画**に基づく**都市機能誘導区域**やその周辺の**居住誘導区域**は、これ

らの区域外に比べ、商業や医療・福祉サービスなどへのアクセスが保障される地区であるため、これからの時代における持続可能な居住地は、都心やその周辺へと回帰していくことになる。


## 郊外の低密化

　戦後の大規模ニュータウンである**千里ニュータウン**（大阪府吹田市・豊中市）と、1975年から現在もなお開発が進む郊外住宅地の**泉パークタウン**（仙台市泉区）の人口推移をみてみよう（表1）。

　いずれの住宅地も当初は、世帯あたり人数が4人に迫り、核家族であったと思われるが、開発初期をピークに世帯あたりの人数が減少している。

　**公団住宅**も郊外住宅地も、開発が一気に進められ、同時期に似通った世代が居住すると、その地区は同時期に高齢化する。第9章で紹介する**ジェイン・ジェイコブズ**によっても、多様性の確保の観点から同時期開発は否定されている。泉パークタウンでは、2022年から6番目の住区の分譲を行うなど、長期にわたって開発を行う工夫をしているが、過去の開発した地区の高齢化の勢いは留まらない。また、開発面積が増えたことに伴い、人

表1　千里ニュータウンと泉パークタウンの人口の推移
（出典：吹田市・豊中市千里ニュータウン連絡会議⁴⁾、泉パークタウンサービス⁵⁾）

| | 千里ニュータウン | | | 泉パークタウン | | |
|---|---|---|---|---|---|---|
| | 人口<br>（人） | 世帯数<br>（世帯） | 世帯あたり<br>人数<br>（人） | 人口<br>（人） | 世帯数<br>（世帯） | 世帯あたり<br>人数<br>（人） |
| 1975 | 129,860 | 36,345 | 3.6 | 12 | 4 | 3.0 |
| 1985 | 115,609 | 37,804 | 3.1 | 6,993 | 1,857 | 3.8 |
| 1995 | 104,570 | 39,027 | 2.7 | 19,298 | 5,567 | 3.5 |
| 2005 | 89,571 | 37,700 | 2.4 | 25,127 | 8,255 | 3.0 |
| 2015 | 96,996 | 41,917 | 2.3 | 26,290 | 9,949 | 2.6 |

口密度はより希薄化する方向に向かっていっている。


## DID 人口と DID 人口密度

　我が国の **DID**（Densely Inhabited District ／ **人口集中地区**）の人口の推移をみてみよう。DID はおよそ 1km² 当たり 4,000 人以上の人口がある地区である[6]。DID に居住する人口は戦後から倍増し、DID 面積は 3 倍近く増加した。その反面、DID の人口密度はピーク時に比べると 3 割以上減少している（表 2）。

表 2　DID の推移

|  | 全国人口<br>（万人） | DID 人口<br>（万人） | DID 面積<br>（km²） | DID 人口比率<br>（%） | DID 人口密度<br>（人 /km²） |
|---|---|---|---|---|---|
| 1965 | 9,920 | 4,726 | 4,605 | 48.1 | 10,263 |
| 1975 | 11,194 | 6,382 | 8,275 | 57.0 | 7,712 |
| 1985 | 12,105 | 7,334 | 10,571 | 60.6 | 6,938 |
| 1995 | 12,557 | 8,125 | 12,261 | 64.7 | 6,627 |
| 2005 | 12,777 | 8,433 | 12,561 | 66.0 | 6,714 |
| 2015 | 12,709 | 8,687 | 12,786 | 68.3 | 6,794 |

　昭和時代はしばしば "良き時代" と回顧されることもあるが、映画「ALWAYS 三丁目の夕日」にみるような高度経済成長期の我が国の活力は、高い人口密度に裏付けられていたといえる。東京 23 区では、2023 年末時点においても 1km² 当たり 1 万 5 千人あまりの人口密度を維持できているが、地方都市のまちなかや郊外住宅地では **DID** の要件を満たさなくなった地区も多い。そもそも DID は、**市街化区域**とするための最低要件であるとも考えられており、これを満たさない地区はこのままでは都市機能を担えているとはいいがたい。それどころか、この状況を引き続き放置すると、

特に郊外住宅地では交通問題に起因する医療・福祉・教育などの格差が深刻化し、**買い物弱者**が発生することも予想される。


## 郊外住宅地の再生と撤退

　**高度経済成長期**に建設された**公団住宅**では近年、大規模なリニューアルが進められ、核家族向けの間取りを2人暮らし用の間取りに変更するなど、新たなニーズの開拓が進められている。

　**地区計画**の規制が掛けられていない郊外住宅地では、最低敷地面積の制限がないことから、ディベロッパーが空き家や空き地を買い取り、土地を狭小な2筆に分筆し、再分譲しているケースがある。郊外住宅地のなかでも利便性がよい地区では、土地取引は引き続き盛んであるが、地価高騰を受け、若年層に手に入れられる価格帯の土地となるためには分筆した規模が適正である。分筆はディベロッパーにとっても利益率が高いため、都市計画上の規制が弱い地区では、このような事例が散見される（図6）。

　一方で、**地区計画**の規制が掛かっている郊外住宅地では、最低敷地面積

図6　宅地の分筆が進む郊外住宅地（仙台市泉区将監地区）
（出典：国土地理院地図・空中写真閲覧サービスの地図を加工）

の制限があることにより、分筆を伴う再分譲は行われない。また、地区計画の規制により、**店舗併用住宅**でなければ出店ができないエリアも多いが、筆者らの調査[7]によると、こういったエリアでは店舗併用住宅をまるごと賃貸に出し、事業者に店舗を経営させ、居住実態が伴わないケースもみられている。

　地区内での購買や飲食の利便性を維持する観点では、店舗併用住宅の店舗部分が活用されることは望ましいが、反面、夜間人口の減少を伴っており、望ましい状態とはいえない。こういった状況を招いてしまわぬよう、街並みの美しさのための規制を堅持することよりも、居住も買い物も同時実現できる規制のあり方が必要となる。

　従来の郊外住宅地は単一用途に過度に純化してきたが、これからの都市は多様な用途を許容していく方向に舵を切ることで持続可能になり得る。この考え方は、**ジェイン・ジェイコブズ**による指摘に通じるので、次章で紹介したい。

　ところで、**立地適正化計画**では、空き家が増加しつつある住宅地においては、**跡地等管理区域**を指定し、その一帯では住宅を撤退させた後の土地の適正な管理を行える仕組みも構築されている。現実的な**スマートシュリンク**に取り組むうえでは、住宅建設が進まない郊外住宅地においては、その土地からの撤退は有力な戦略の1つとなり得る。社会全体としての持続可能性を考えるうえでは、**居住誘導区域**から外れた郊外住宅地は臆することなくたたむべきである。

注釈・参考文献

1）エベネザー・ハワード（山形浩生 訳）：『［新訳］明日の田園都市』，鹿島出版会，2016，p.81，p.234（原著：Ebenezer Howard：『GARDEN SITIES of To-Morrow』, Swan Sonnenschein&Co., 1902）

2）同上，p.256

3）アルビン・トフラー（徳山二郎 監修）：『第三の波』，日本放送出版協会，1980（原著：Alvin

Toffler：『The Third Wave』, William Morrow, 1980）

4） 吹田市・豊中市千里ニュータウン連絡会議：『千里ニュータウンの資料集（人口推移等)』, 2023,
p.2, p.4

5） 泉パークタウンサービス：『タウンプロフィール まちの歴史』, https://www. izumi-parktown.
com/history. html, 2023

6） 人口集中市区の要件は、人口密度が 1km² 当たり 4,000 人以上の基本単位区が複数隣接し、人口が
5,000 人以上となる地区を指す。

7） 浅野尊, 小地沢将之：「店舗併用住宅の空き地化と賃貸化をめぐる現状と課題」, 2023 年度日本都
市計画学会東北支部研究発表会発表要旨集, 2024, pp.85-86

第 **9** 章

多様な生活と安全安心

# 1 住民運動から市民活動へ

## 主体の多様化

　高度経済成長期の**住民運動**がやがて**市民活動**へと発展していったようすは、第4章でも解説した。私たちの生活の課題を解決しようとした時、**住民運動**の時代においては不利益を被る住民自身がその行動の担い手であったが、生活の質を高めるための**市民活動**では、多くの主体を巻き込みながら、活動が発展していった。

　企業も **CSR**（Corporate Social Responsibility ／**企業の社会的責任**）に基づき、利益重視から社会性重視へと舵を切り、さまざまな活動を展開するようになった。福祉や教育など奉仕活動や慈善活動の全般を意味する「フィランソロピー」、芸術やスポーツなどを資金的にバックアップする「メセナ」など、その呼称は多様である。

　住民以外の新たな主体は、防災や防犯、災害復興など、安全安心な暮らしの実現のうえでも大きく貢献している。たとえば**東日本大震災**の後には、多くの企業が被災地に生活支援物資の提供や金銭的な支援を行った。これに加え、仮設住宅や災害公営住宅での料理教室、津波で汚損した写真の復元など、本業を活かした専門的な支援も行われ、これらの活動は被災地の NPO などと手を携えながら展開された。

## サード・セクター

　公共社会がよりよくなるためのアプローチには、選択肢が3つある。国家が公共分野の担い手となり、すべての公共サービスを平等に提供することが選択肢の1つである。また、市場における自由な経済活動の産物として、社会に多くの利益を還元する方法もあるだろう。友愛の精神に満ちあ

ふれた**コミュニティ**に任せることも、また1つだ。

　スウェーデンの政治学者である**ビクター・ペストフ**は、平等の担い手である国家、自由の担い手である市場、友愛の担い手であるコミュニティが三つ巴の関係にあることを「**ペストフの三角形**」によって示した[1]。その中間領域には、国家でも市場でもない第3の存在である**サード・セクター**があり、その中央にボランタリー組織などのアソシエーション[2]が位置付けられている。これは、私的で非営利ながら公式な性格を有している点で、国家とも市場ともコミュニティとも役割が異なるとしている。我が国では、**NPO**がこれに該当すると解されている。

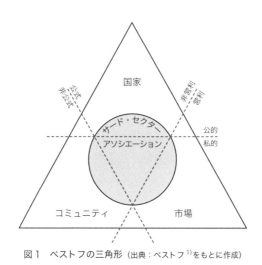

図1　ペストフの三角形（出典：ペストフ[1]をもとに作成）

　サード・セクターは、国家や市場やコミュニティの中間にあることから、それぞれの主体の協働を実現するうえで、橋渡し役を担うことができる。第4章で紹介したように、**橋渡し型**の**ソーシャル・キャピタル**は、異質なものどうしを結び付け、開いた関係性のもと、協調的な取組みを促進することにつながる。したがって、市民活動をはじめとする諸活動において、サード・セクターが介在することの意義は大きいといえる。

# 2 災害とコミュニティ

## 災害の発生から避難まで

　災害が発生すると、被災者はまず安全確保のため、指定緊急避難場所に一時的に避難することになる。市町村の**地域防災計画**では、避難場所として学校の校庭や公園、高台などが指定されている。それでも災害が止まない場合に一定期間滞在して避難生活をする場所としては、指定避難所が指定されており、学校の体育館や公民館などがそれに当たる。指定緊急避難場所と指定避難所は別のものであり、命を守るために最初に向かうべき場所は、指定緊急避難場所である。

　指定避難所もまた、地域防災計画により指定されている。地域防災計画は市町村職員のための災害時のマニュアルのような位置付けにあるため、避難所を開設するためのプロセスも明記されている。具体的には、災害対策本部の指示で職員が避難所の被災状況を確認した後、安全が確認されれば開設するという段取りとなる。しかし、休日や夜間の災害に備える必要もあるため、避難所の鍵は市町村や施設の管理者だけではなく、**町内会**などの地縁組織とも共有し、施設の開錠や避難者の受け入れなどについて、事前に役割や手順を定めておくことが一般化している。また運営面においても、町内会などともに避難所運営マニュアルとしてあらかじめ定めておくことが一般的になった。

　緊急時には避難所運営マニュアルによらない臨機応変な対応が求められることもある。**東日本大震災**では、地震発生直後に JR 仙台駅が閉鎖されたことに伴って、多くの観光客やビジネス客が近隣の東六番丁小学校（仙台市青葉区）に殺到した。市が正式に避難所の開設をする前の時点で、約1,800 人の避難者が小学校の体育館に殺到していた反面、地区内の被害は少なかったことから住民の避難者は皆無だった。そのようななかで、小学

校の教員や**町内会**の役員らが「おもてなし」を合言葉に、3 月末の全員の帰還まで避難所運営をやり切った。このことは、「小さな握り飯」[3) のエピソードとともに、2012 年の世界防災閣僚会議、2015 年の第 3 回国連防災世界会議で報告された（図 2）。

The Great East Japan Earthquake destroyed urban functions and made many evacuees in the inland areas where evaded tsunami disaster. I reported Higashi rokubancho area where citizens and staff of school worked together and took effective counter measures against the earthquake.

Small rice balls

The articles appeared in the Mainichi News Paper, August 2011.
Akihiro MIOKA

図 2　「小さな握り飯」（「世界防災閣僚会議 in 東北」配布資料）（出典：三岡[4)]）

　一方で、新型コロナウイルス感染拡大期に発生した 2020 年の**令和 2 年7 月豪雨**では、河川が氾濫するなか、定員超えで避難所から追い出された事例が報告されている[5)]。また 2024 年の**令和 6 年能登半島地震**では、津波警報が出るなか、避難所の鍵が開かず、窓ガラスなどを割って中に入ったケースが 20 事例以上あるといわれている[6)]。他方で、2021 年 2 月の**令和3 年福島県沖地震**やその後の地震では、福島県相馬市がテント型パーティ

ションや PCR 検査ができる窓口を備えた避難所を地震発生直後に開設できた事例もある（図3）。

図3　相馬市が開設した避難所
（令和3年福島県沖地震直後の令和3年宮城県沖地震（2021年3月）の際に撮影）

## 避難所の運営

　避難所は、避難所運営マニュアルに基づいて、地域住民や避難者が市町村や施設管理者とともに運営することが一般的である。災害によって発生する被害はその時々で異なり、地区内の被災状況や家庭事情は世帯ごとに異なるため、**町内会**などによって古典的な全戸参加型の運営を想定していると、現実の運営では破綻してしまう。また、市町村職員も多くはその災害による被災者であるため、避難所に駆け付けられない可能性もある。避難所運営マニュアルでは想定しきれない問題の発生にも柔軟に対処していけるよう、日ごろからの訓練や意思疎通が不可欠となる。

　避難生活が長期化すると、やがて避難所には **NPO** などの支援団体が駆け付け、炊出しの支援などを行ってくれる場合があるが、支援者は生活の質を向上させるための役割であり、避難所の運営はあくまでも地域住民や避難者、市町村らによる**協働**によって実現する。また大きな災害では、全

国災害ボランティア支援団体ネットワーク（JVORD ／ジェイボアード）や地元の社会福祉協議会などを中心に、支援団体やボランティアのマネジメントが開始される。

　地域の被災状況が深刻で、避難所運営がままならない場合は、避難所を移る二次避難が行われる場合がある。二次避難では、ふだん暮らしている地域から離れざるを得ないことも多いが、**コミュニティ**ごとの避難が可能か、早期に市町村と調整することで、これが実現する場合も多い。**東日本大震災**では、津波で大きく被災した宮城県南三陸町志津川中瀬町の住民たちが震災から 3 週間後に宮城県登米市の旧鱒淵小学校にコミュニティごと二次避難した。旧鱒淵小学校は先行してボランティア団体の活動拠点となっていたことが、二次避難の受入れが容易に進んだ要因であると考えられている。

　長期滞在の環境が整った宿泊施設への二次避難も有効で、**東日本大震災**の鳴子温泉（宮城県大崎市）、**令和 6 年能登半島地震**の山代温泉（石川県加賀市）など、被災が小さかった旅館組合の協力により二次避難の受入れが実現するケースもある。山代温泉では、コミュニティ単位での二次避難への対応として、宴会場を地縁組織の日ごろの親睦の場として開放したことが話題となった[7]。

　このような災害時におけるコミュニティ単位での移動を、**コミュニティ移転**と呼ぶ。


## 避難所から仮設住宅へ

　仮設住宅には、プレハブ家屋などの建設によってまとまった住戸数を団地として整備する**応急仮設住宅**、民間の賃貸住宅を借り上げる**借上型仮設住宅（みなし仮設住宅）**、公営住宅などの活用がある。東日本大震災と熊本地震の仮設住宅の入居戸数の推移をみてみよう（表 1）。

　**東日本大震災**では仮設住宅の供給開始当初における**応急仮設住宅**の割合

表1　東日本大震災と熊本地震の当初 5 年間の仮設住宅の入居戸数[8]
（総務省などの資料をもとに作成）

| | 東日本大震災 | | | |
| --- | --- | --- | --- | --- |
| | 応急仮設 | 借上型 | 公営住宅等 | 応急仮設住宅の割合 |
| 2012 | 48,913 | 68,616 | 6,194 | 39.5% |
| 2013 | 48,102 | 59,098 | 10,474 | 40.9% |
| 2014 | 43,898 | 48,790 | 8,440 | 43.4% |
| 2015 | 37,398 | 38,863 | 6,436 | 45.2% |
| 2016 | 27,348 | 28,427 | 4,814 | 45.1% |
| | 熊本地震 | | | |
| | 応急仮設 | 借上型 | 公営住宅等 | 応急仮設住宅の割合 |
| 2017 | 4,157 | 14,895 | 1,157 | 20.6% |
| 2018 | 3,407 | 11,625 | 764 | 21.6% |
| 2019 | 1,862 | 4,312 | 104 | 29.7% |
| 2020 | 291 | 465 | 10 | 38.0% |
| 2021 | 0 | 0 | 0 | ― |

は 4 割程度、熊本地震では 2 割程度に留まり、残る大半は民間のアパート
などを活用した**借上型仮設住宅**であった。特に都市部においては、日ごろ
から十分な住宅ストックがあるため、応急仮設住宅団地の建設用地を確保
することよりもすみやかな対応ができる観点で、借上型仮設住宅が活用さ
れた。都市部への一時転居は、再就職など生活再建の面でもメリットが大
きい。

　迅速さや経済面では借上型仮設住宅の優位性が大きいが、借上型仮設住
宅の場合は**コミュニティ移転**が難しく、旧来のコミュニティにおける関係
性が一時的にバラバラになってしまうことが心配される。とはいえ、旧来
の**コミュニティ**の構成員に対して、同一の行動を求めることは、**コミュニ
タリアニズム**のさまざまな弊害をもたらすことにつながる。避難所から仮

設住宅への移行のタイミングで、コミュニティ単位で行動することの是非に初めて向き合うのではなく、日ごろより多様性を受け止められるコミュニティのあり方が議論されていることが望ましい。

　また、旧来のコミュニティの被災状況にばらつきがある場合、現地に留まって生活する住民と、仮設住宅で暮らす住民の間での交流の機会が著しく減少する。被災の程度にかかわらず、旧来のコミュニティの単位で交流を継続することは、既存の**ソーシャル・キャピタル**を活用したり、復興に向けてソーシャル・キャピタルを蓄積したりする観点で重要である。こういった関係性の維持や構築は、孤立や孤独死を防ぐことにつながり、健康的で安全安心な暮らしを実現することにつながる。


## 応急仮設住宅団地における取組み

　**応急仮設住宅**団地においては、集会所や談話室が整備されることが一般的である。生活再建までの数年の間、健康を維持したり、復興の道筋を描いたりするうえで、集会所などの集会施設の活用は非常に有効である。

図4　東日本大震災の応急仮設住宅団地に整備された集会所
（北飯渕応急仮設住宅団地（福島県相馬市）／ 2012 年撮影）

図5　熊本地震の応急仮設住宅団地に整備された本格型集会所
(テクノ仮設団地〔熊本県益城町〕／ 2016 年撮影)

　**東日本大震災**では、おおむね 50 戸以上の団地に床面積 100m² の集会所を、おおむね 10 戸以上の団地にも 40m² の談話室が設置された (図 4)。**熊本地震**では、おおむね 50 戸ごとに木造の 60m² の集会所を 1 棟ずつ、おおむね 20 戸以上の団地にも木造の 40m² の談話室を設置し、さらに団地のニーズに応じて規模の大きな集会所 (本格型集会所と呼ばれている) を事後的に設置した (図 5)。

　集会所などの集会施設は、**応急仮設住宅**団地に入居する被災者にとって、重要なふだんの居場所である。そのためには、いつも鍵が開いていること、誰かが独占的に使用していないこと、想定外の利用が起きないようにルールを定めることなどの工夫が必要である。集会所は入居者たちによる新たな**コミュニティ**で運営していくことになるため、自治会を設置することが望ましいが、管理主義が強まると、利用が低調になったり、交代での施設管理が負担感につながったりすることが過去の災害で判明している。このことについては、ぜひ筆者らの調査結果[9]を参照されたい。

　**東日本大震災**で被災した福島県相馬市では、**応急仮設住宅**のすべての入居者を対象に、夕食の配食を行った。このうち高齢者世帯などは孤立防止

のため、集会所で共同会食を行った。仮設住宅には、市が入居者を雇用する形で、団地の自治を行う行政区長を置いたほか、集会所単位で組長を置いた。組長は、集会所での配食や会食を管理したり、支援物資を公平に配分したりするなど、市から委託された業務を担った。このように相馬市では、行政区長、組長、さらには1棟5戸単位の戸長による、垂直な自治の仕組みを講じたことで、隅々まで行きわたる被災者支援ができた。

熊本地震では、15市町村の社会福祉協議会や委託を受けた団体が「地域支え合いセンター」を組織し、生活支援相談員による被災者の見守りや巡回訪問などが行われた。たとえば益城町では、町の社会福祉協議会が全体のとりまとめを行いつつ、大規模団地であるテクノ団地と木山団地では業務委託を受けたNPOが団地に常駐し、入居者のニーズに応えた。このほか、みなし仮設住宅の見守りには一般社団法人が、障害者支援には社会医療法人が委託を受け、任務に当たった。

516戸の応急仮設住宅が整備されたテクノ団地には、規格型の集会所が6棟、談話室が4棟、本格型の集会所が1棟整備された。1団地に整備された集会所の数としては、これまでの応急仮設住宅団地の中で最大であった。集会所は6つの住区ブロックに1棟ずつ置かれ、おおむねブロックごとのふだんの居場所として活用されたが、自治会活動が低調だったある1ブロックの集会所は、学習支援ボランティアを受け入れ、子どもたちの学習スペースに転用したことで、多くの子どもたちが訪れる集会所となった。本格型集会所では、「復興住まいまちづくり学習会」などがたびたび開かれ、個々の生活再建の道筋を模索する場となっていた。また談話室の1つは、常駐するNPOの拠点となっていた。

一方で、小規模な応急仮設住宅団地に整備された談話室の利用は、どの災害でも低調な傾向にある。被災した小さなコミュニティの元来の慣習として、集会施設は会合のために集まる場所であるとの先入観があることが集会所利用を控える要因となりやすい。また集落の被災の度合いにばらつきが大きい場合が多く、集会には元来の地区の集会所のみを利用するケー

スも散見されている。

　**応急仮設住宅**団地の集会所は多様な支援活動の受け皿となるため、整備数が多少過剰であっても問題とならない。また、入居者の生活の場であることをわきまえていれば、**応急仮設住宅**団地のさまざまな空間を被災者以外との交流の場としていくことも可能である (図6)。この時期における多くの人たちの交流は、その後の生活における支援のチャンネルが増えることにつながるし、ひいては応急仮設住宅団地を退去した後の新たな**コミュニティ**づくりにおいても活用できる**ソーシャル・キャピタル**を生むことができる。

図6　東日本大震災の応急仮設住宅団地に学生たちが整備した畑
(植松入生団地（宮城県名取市）／ 2014 年撮影)

## 仮設住宅から災害公営住宅へ

　住宅を再建したり、親族らとの同居が決まったりするなど、自力再建の道筋が立つと、仮設住宅からの退去が段階的に始まる。応急仮設住宅団地では、当初満室でも、やがて入居戸数は減少に転じるため、入居者が減少しても成り立つような自治のあり方を想定しておく必要があるし、入居者が減少した時期だからこそ必要な外部支援があることも忘れてはならな

い。

　高齢者などで、自力再建が見込めない所得の低い世帯は、**災害公営住宅**
への入居を選択することになる。災害公営住宅の入居に際しても、被災前
の**コミュニティ**、あるいは仮設住宅ごとのコミュニティを維持した**コミュ
ニティ移転**が採用される場合が多い。**東日本大震災**では高台移転や内陸移
転などとも呼ばれた**防災集団移転促進事業**（表2）では、自力再建用の住
宅街区と災害公営住宅の建設街区を一団地に整備する事例も多くみられ
る。これは、旧来のコミュニティをまとめて移転できる手法である反面、
所得格差を根拠に、コミュニティを細分化してしまうことにつながる手法
であることに留意が必要である。実際にある地区では、団地の空間形状に
従って、自力再建のエリアと**災害公営住宅**にそれぞれ町内会がつくられた
が、これが双方の交流の希薄化につながっているケースがあるという。

表2　東日本大震災の防災集団移転促進事業による整備数（出典：国土交通省[10]）

| | 地区数<br>（地区） | 面積<br>（万 m²） | 民間宅地<br>（戸） | 災害公営住宅<br>（戸） |
|---|---|---|---|---|
| 岩手県 | 88 | 425 | 2,101 | 426 |
| 宮城県 | 186 | 1,537 | 5,638 | 3,201 |
| 福島県 | 47 | 873 | 650 | 513 |
| 茨城県 | 3 | 2 | 0 | 26 |
| 計 | 324 | 2,837 | 8,389 | 4,166 |

　**災害公営住宅**の住民にとっては、社会的な支援が必要な世帯が含まれて
いるため、民生委員や社会福祉協議会などによる公的で継続的な支援、あ
るいはそれに加えて**NPO**などの**サード・セクター**などによる支援が必要
となる。そして、その拠点として集会所を活用することは有効である。

　**応急仮設住宅**団地時代の集会所や談話室は、利用するための費用が無償
であったが、災害公営住宅の集会所では光熱費が掛かることなどを理由に
利用が低調になりがちである。特に、大規模な災害公営住宅ほど、利用が

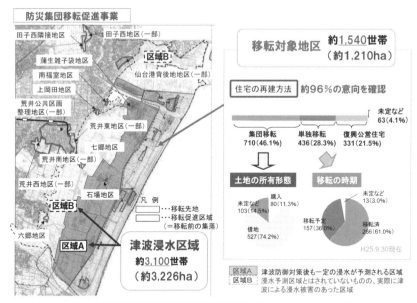

図7　東日本大震災の防災集団移転促進事業（仙台市）（出典：仙台市 [11]）

低調になるとの研究報告 [12] もある。企業による **CSR** の一環として、集会所の光熱費を金銭的に負担したり、集会所を活用した行事を企画したりするなど、被災地では多面的な支援の継続が期待される。

# 3 犯罪とコミュニティ

## 犯罪の減少

　第3章では、現代の都市では、見知らぬソトの人間を信用ならない者として扱い、監視し、排除することで、守り通すことが一般的になってきて

いることを紹介した。では、私たちは**過防備都市**化しなければ、犯罪から身を守れないのだろうか。

　警察白書[13]によると、我が国における刑法犯の認知件数は 2002 年の 285 万件あまりをピークに減少に転じており、2021 年には戦後初めて 60 万件を割り込んだ（図 8）。新型コロナウイルスの感染拡大に伴う人流の減少があったことを差し引いても、過去 20 年間で極端な減少に転じている。地区防犯協会などを通しての住民らによる防犯活動が功を奏している側面もあるが、犯罪の主な担い手であるとされる若者の人口の減少が犯罪の減少に直結していると考えられている。つまり地区外からの犯罪者の流入を防いだとしても、統計学的には犯罪は身近なところで起き得るのだから、見知らぬ他者を疑い、排除する仕組みに依存しても、安全な社会は構築できないといえる。

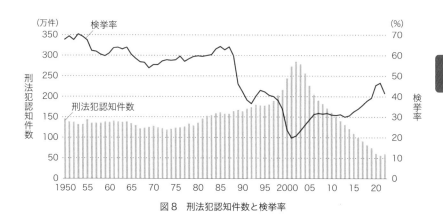

図 8　刑法犯認知件数と検挙率

## 多様性により犯罪を防ぐ

　アメリカ合衆国のジャーナリストである**ジェイン・ジェイコブズ**（図 9）は、**ホワイトフライト**が進み、都心のスラム街では犯罪が多発している合衆国の状況を、近代都市計画によってもたらされたものであると批判した。ジェイコブズは著書『**アメリカ大都市の死と生**』で、都市デザイナー

による「荒廃した地域の全体にわたる除去」[14]は防犯上の課題解決にはならないと指摘した。

　そこでジェイコブズは、安全な街路には「**多数の目**」が存在していることが大事であると指摘し、都市が多様性を持つための条件として、以下の4点を挙げた[15]。

混用地域の必要性

　**ジェイコブズ**はまず、経済力で分けて住宅地を建設したり、住宅地に住宅以外の用途の建設が認められなかったりすることは、都市の多様性の欠如につながると指摘している。

　このことは、現代の日本の郊外住宅地においてもいえる。夜間は多くの人口があるが、日中は通勤や通学により地区を離れ、昼間人口は劇的に少なくなる。かつての都市では、一次産業に従事したり、商店を営んだりしていた住民は日中も地区に留まっていたが、これに対して現代の郊外住宅地は「多数の目」が存在しない。

　加えて、第8章で紹介した通り、**高度経済成長期**に建設された住宅地は、いまや高齢化まっただ中である。かつては核家族だった世帯から子が独立し、高齢者夫婦あるいは高齢者単身の住まいとなり、日中でも屋外では人気を感じることが少ない。

　「多数の目」が届かない時間帯が生じるのは、商業地でも工業地でも同様である。都市計画が地区の用途を極端に制限し、画一化してしまうと、ライフスタイルの多様性を許容できない地区となってしまう。

図9　ジェイン・ジェイコブズ（写真：アメリカ合衆国議会図書館／1961年撮影）

## 小規模ブロックの必要性

　近代都市計画では、**スーパーブロック**（大規模な街区）を持った都市がたくさんつくられた。その構想の初期の案として、**ル・コルビュジエ**による『**300万人のための現代都市**』がある（図10）。コルビュジエは都市の距離の標準として、400mを街区の大きさとして設定し、時には200mに切ることもあるとしている[16]。実際に、アメリカ合衆国などの都市でも200mのスーパーブロックがみられる。

　**ジェイコブズ**は、スーパーブロックは規格化された単調な街並みや用途の原因になり、小さな商店の出店を阻害するなど、多様性の排除につながるとした。

図10　300万人のための現代都市のスケッチ（出典：ル・コルビュジエ[17]）

## 古い建物の必要性

　新しい建物しかない都市は、新しい建物に掛かる費用を支払える人や企業だけで構成されてしまうため、おのずと多様性が失われてしまう、と**ジェイコブズ**は指摘している。住宅地もまた、一時に開発が進むと、時が進むにつれて同時に古びてしまうという現実がある。

　新しい建物と古い建物が混在する都市では、古い住宅で家具や照明を工夫しながら住む人々がおり、企業にとっては安価なビルはスタートアップのビジネスの拠点としてふさわしい。つまり、古い建物はクリエイティブさの根源であり、インキュベーター（孵卵器）の機能も持ち合わせている

ことになる。こういった多様性の保障の観点で、ジェイコブズはすべてを一新してしまうような都市開発のあり方を否定している。

集中の必要性

　いわゆる下町らしさは、人口密度の高さによってもたらされており、多様性が表出する場である。仮に住居が多い地区でも、道路や公園などの都市空間に人々があふれ出し、多様性のある都市を感じられる。これは、タワーマンションのような積層による密度の形成では得られない結果である。一方で、一部屋に多くの人が居住するような「過密」は望ましくない状態であると**ジェイコブズ**は指摘している。

　郊外住宅地の低密度は、芝生の庭や静けさと引き換えに、都市の多様性をないがしろにすることにつながることであることの自覚をジェイコブズは求め、「都市集中についての消極的な感覚」からの脱却を期待している。

　ところで、私たちはジェイコブズが指摘した都市の多様性のための４つの条件を満たしたまちづくりを実践しているだろうか。たとえば、**東日本**

図11　未利用のままの災害危険区域（条例により鉄筋コンクリート造などとすれば住宅が建築できるエリア）
（宮城県東松島市／2024 年撮影）

大震災からの復興を果たす際に用いられた都市計画を省みると、被災した沿岸部には商業だけの地区、工業だけの地区、あるいはレジャーに特化した地区といった具合に、単調な都市をつくってしまった現実がある。多様性がない都市を生み出してしまった弊害が、未利用地の増加などの形で現れてしまっている現状にある（図11）。

## 空き家と割れ窓理論

　人口減少が進んだエリアでは、空き家の増加が問題となりつつある。住宅の割れた窓を放置したままにしているような場所は、その状態に誰も気づいていなかったり、誰も関心がなかったりすることを表明しているようなものである。このように「**多数の目**」が存在していない場所は、犯罪者にとっては気軽に犯行に及ぶことができる場所となる。

　**割れ窓理論**とは、割れた窓や落書きなど、小さな不備を放置しておくことが次の犯罪を呼び込むことにつながるとの前提に基づき、最初の小さな不備の芽を摘むことで犯罪を抑止する考え方である。実際に、治安維持の効果は世界各地で立証されている。犯罪が頻発するほどではなくとも、管理が行き届かないままの環境を放置している状況は、その地域の価値の毀損につながる。

　この観点で、空き家はその地域の健全さのバロメーターになり得るものである。空き家の管理不行き届きは実際に、家屋の倒壊などにより人命や財産にもたらされる被害、害虫などの発生や雑草の繁茂などによる周辺の生活環境の悪化、犯罪組織による悪用など、さまざまな不利益をもたらしている。

　2010年に埼玉県所沢市が「空き家等の適正管理に関する条例」を策定したことをきっかけに、全国の市町村がこれに追従し、対策を講じた。秋田県大仙市では条例に基づき、行政代執行により5棟の空き家の解体に着手した。雪国ならではの建物の倒壊リスクに対して、先手を打った形であっ

表 3　種類別の空き家数の推移 （総務省「住宅・土地統計調査」をもとに作成）

| | 別荘<br>（万戸） | 賃貸・売却用<br>（万戸） | その他の住宅<br>（万戸） | 空き家率<br>（%） |
|---|---|---|---|---|
| 1988 | 30 | 234 | 131 | 9.4 |
| 1993 | 37 | 262 | 149 | 9.8 |
| 1998 | 42 | 352 | 182 | 11.5 |
| 2003 | 50 | 398 | 212 | 12.2 |
| 2008 | 41 | 448 | 268 | 13.1 |
| 2013 | 41 | 460 | 318 | 13.5 |
| 2018 | 38 | 462 | 349 | 13.6 |

※その他の住宅には、別荘や賃貸・売却用を除く長期不在などとなっている住宅が当たる。

たが、個人の財産権の侵害になり得ないか、多くの論争が行われた。

　空き家は増加の一途をたどっており、2018 年の住宅・土地統計調査では、空き家率は過去最大の 13.6％に達している（表 3）。賃貸用住宅の空き家数の伸びは少なく、対して一般用の木造一戸建て住宅は約 240 万戸が空き家となっている。

## 空家特措法

　空き家の増加と管理不行き届き物件の増加を受け、国は 2015 年に**空家特措法**（空家等対策の推進に関する特別措置法）を施行した。この法律では、市町村は**空家等対策計画**を策定し、発生した空き家に対する対策を講じることとされている。また、リスクの高い空き家を「**特定空家**」に指定することができ、立入調査に加え、解体を伴う行政代執行や略式代執行を実施することが可能になった。さらに、2023 年の法改正により、特定空家となることを防ぐ観点で、その一歩手前の「**管理不全空家**」も指導・勧告の対象となり、これに従わなければ住宅に適用されている固定資産税の低

表4　管理不全空家と特定空家

| 管理不全空家 | 放置すれば、特定空家に該当するおそれがあるもの |
|---|---|
| 特定空家 | 1. 基礎や屋根、外壁などに問題があり、倒壊などの危険があるもの<br>2. ごみの放置などで衛生上有害なもの<br>3. 適切な管理が行われておらず、著しく景観を損なうもの<br>4. その他周辺の生活環境の保全を図るために放置することが不適切なもの |

減措置が受けられなくなる仕組みとなった（表4）。

　この法改正により、**特定空家**の発生を未然に防ぐことにはつながるが、空き家そのものの発生を未然に防ぐ対策としては不十分であるといえる。国は、相続などで空き家を譲り受けた際に掛かる所得税について、2027年末までは譲渡所得の3,000万円特別控除の特例を適用することとしている。この際、譲渡を受けた空き家を耐震基準に適合させるか、空き家を除却して更地にすることが要件となっており、税制面からも不良な空き家の削減に取り組んでいる過渡期にあるといえる。

## 空き家と犯罪

　一戸建ての住宅の価格評価には、建物の耐用年数に基づいた評価法（原価法）が用いられている。木造住宅であれば耐用年数の33年を超えていれ

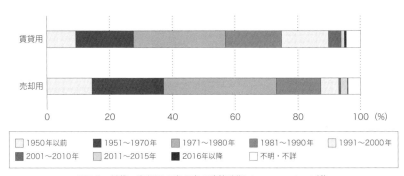

図12　賃貸・売却用の空き家の建築時期（出典：国土交通省[18]）

ば、評価額は計算上、0円とみなされる。賃貸・売却用の空き家は9割程度が木造であると推測されているが、このうち8割程度が耐用年数を超えているものと考えられている（図12）。

　山形市内のある住宅地では、かつて暴力団の拠点となっていた空き家への対策として、自主組織を結成し、追放活動に取り組んだ。2012年には、その空き家の買い取りに市が関与するという全国的にも稀な決定がなされ、県の暴力団追放推進センターが約560m²の土地と建物2棟を元組長らから購入した後に、市が買い取るに至った。

　空き家は、市場で流通しているものは安価で借りたり買ったりすることができるので、たびたび暴力団の拠点となったり、大麻栽培の温床となったりする。また、不法に占拠されたりすることも多い。「**多数の目**」によって、地域防犯に取り組むことが最善であるが、空き家を発生させないことが何よりの対策となる。

　第8章でも郊外住宅地の維持の難しさについて指摘したように、すでに造成から数十年経過している郊外住宅地では空き家化が進行している。将来的な**ジェントリフィケーション**が見込みにくく、空き家化の進行を止めにくい郊外においては、新たな住宅地をむやみに造成する必要性を問い直す必要がある。また、人口が多かった時代においては「多数の目」が効いたかもしれないが、空き家が急増している現代においては、新たな「多数の目」を獲得する必要がある。旧来的な集落にみられた排他性は、犯罪者の排除の効果よりも「多数の目」の喪失につながることを理解しておかなければならない。

注釈・参考文献
1）ビクター・A・ペストフ（藤田暁男ほか 訳）：『福祉社会と市民民主主義 —協同組合と社会的企業の役割』, 2020, p.48（原著：Victor A. Pestoff：『Beyond the market and state : social enterprises

and civil democracy in a welfare society』, Ashgate, 1988）

2) ペストフによる「アソシエーション」は、マッキーヴァーの定義とは異なることに注意されたい。

3) 東六番丁小学校の教員や同地区の東六地区連合町内会の住民らが「おもてなし」の心をもって避難所対応を行ったエピソードは、2011 年 8 月に 10 回にわたって毎日新聞宮城県版で『小さな握り飯』というタイトルで連載された。タイトルは、震災当夜に握られたミカン大ほどのおにぎりに由来している。

4) 三岡昭博：『小さな握り飯』,「世界防災閣僚会議 in 東北」配布資料, 2012（初出：毎日新聞宮城県版, 2011 年 8 月 19 日〜 31 日）

5) NHK による報道（2020 年 8 月 4 日）など。

6) 富山テレビによる報道（2024 年 1 月 20 日）など。

7) NHK による報道（2024 年 1 月 14 日）。

8) データはそれぞれ 4 月末時点のものである。東日本大震災の仮設住宅は 2024 年 4 月時点においても福島県内で提供が続いている。

9) 特定非営利活動法人コミュニティ：『熊本地震応急仮設住宅団地の集会施設の管理運営に関する調査報告書』, 2017

10) 国土交通省：「東日本大震災における集団移転による宅地造成が全て完成します」（2020 年 3 月 6 日付 報道発表資料）, 2020

11) 仙台市：『仙台復興リポート』, Vol.13, 2013, p.11

12) 佐藤真純, 小地沢将之：「災害公営住宅の集会所の設置基準と管理運営の実態」, 2022 年度日本都市計画学会東北支部研究発表会, 2023, pp.25-26

13) 警察庁：『令和 5 年 警察白書』, 2023, p.42

14) ジェイン・ジェイコブズ（黒川紀章 訳）：『アメリカ大都市の死と生』, 鹿島出版会, 1977, p.33（原著：Jane Jacobs：『The Death and Life of Great American Cities』, Random House, 1961）

15) 同上, pp.175-244

16) ル・コルビュジェ（樋口清 訳）：『ユルバニスム』, 鹿島出版会, 1967, pp.158-159（原著：Le Corbusier：『Urbanisme』, Paris, G.Crès, 1925）

17) 同上, p.178

18) 国土交通省：『令和元年空き家所有者実態調査報告書』, 2020, p.21

第9章 多様な生活と安全安心

# 雑魚寝ではない避難を考える

　令和6年能登半島地震では、避難者が体育館に何か月間も雑魚寝<sub>ざこね</sub>する
ようすがみられた。筆者は、過去の災害においても支援活動を行ってき
た立場として、時計が巻き戻されてしまったような失望感を抱いた。

　世界では災害だけではなく、紛争も起きている。1998年に国際NGO
らが災害や紛争の影響を受けた人たちの権利を守るための基準「人道憲
章と人道支援における最低基準」（通称「スフィア基準」）をまとめ、最
新の2018年度版まで幾度もその内容が更新されている。

　スフィア基準では、「災害や紛争の影響を受けた人びとには、尊厳ある
生活を営む権利があり、従って、支援を受ける権利がある」こと、「災害
や紛争による苦痛を軽減するために、実行可能なあらゆる手段が尽くさ
れなくてはならない」ことがうたわれている。また、プライバシーが確
保された1人あたり3.5m²の居住スペースなど、標準的な避難所のあり
方も示されている。

　令和6年能登半島地震の実態を受け、国会でも学校の体育館は平常時
の使い方と非常時の使い方の両方を兼ね備えた機能や設備をもつべきだ
との議論が始まっている。

## 考えてみよう

　学校の体育館を避難所として使うために、必要な機能や設備にはどの
ようなものがあるだろうか。子どもたちの教育の再開に支障の少ない避
難の方法はないだろうか。

第 **10** 章

成熟社会の公共意識

# 1 下請け型のコミュニティからの脱却

## 垂直型の関係にみる問題点

　第3章では、戦時下での**町内会**の成り立ちやその後の役割などを紹介した。これらの経緯から、行政と町内会などの地縁組織は、垂直型の関係で結び付いていた（図1）。あるいは現代でも、旧態依然のままかもしれない。たとえば、市町村は町内会に広報誌の配布やごみ集積所の管理を下請けに出し、住民は市町村に陳情できるルートが町内会経由に限られていることも多いだろう。集落における全員参加型の自治は、価値観の同一化・同質化の強要につながり、多様性を許容していない点において、現代的な価値観にはそぐわない考え方であることは、これまでも各章で指摘してきた通りである。

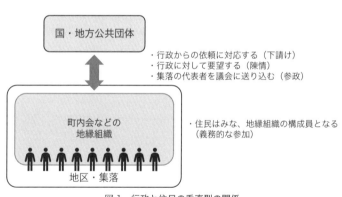

図1　行政と住民の垂直型の関係

　この垂直型の関係は、戦時下の統治機構に由来しているため、行政側にとってみれば、各種計画の策定時における住民の意見の聴取や集約などに際して、住民をひとまとまりに扱うことができ、非常に便利である。行政

が町内会を利用するという観点では、下請け型の**コミュニティ**の姿である
といえる。

　こういった下請けの増加は、町内会の役割の肥大化につながり、高齢化
した住民たちを疲弊させる原因にもなってきた。全員参加の組織ではない
にもかかわらず、町内会に参加していない住民はさまざまな機会損失を被
り得ることを無視した仕組みであるともいえ、不適切である。

　そこで近年では、行政と住民は水平な関係であるべきであると考えられ
るようになっている。どちらかが上位であることはなく、両者が手を携え
て課題解決に取り組むという考え方であり、**協働**とも呼ばれている。垂直
型にみられる全員参加や強制参加ではなく、自分の意思による主体性を伴
いながら、当事者として関わることが基本となっている。


## 新しい公共

　行政と住民の水平型の関係の概念を拡張したのが、「**新しい公共**」であ
る。当初は、**ペストフの三角形**（第9章）の「公的／私的」の区分に基づ
き、公共サービスの担い手を国家（行政）かそれ以外かで二分していた考
え方だったが、現在は行政とそれ以外の主体の協働により公共的な社会を
実現できるという考え方にシフトしたものである。

　それぞれの担い手の役割をより具体化したモデルを提示したのが、国の

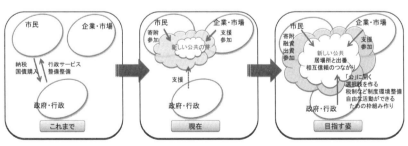

図2　新しい公共の概念図（出典：内閣府[1]）

167

「新しい公共」円卓会議である。2010年6月、当時の鳩山由紀夫首相の退陣日に発表された「『新しい公共』宣言」では、国民や市場・企業が寄附や参加を通じて関わってきた公共サービス（新しい公共の芽）を育てるための方法を明示した。新しい公共の芽が育つためには、国民は当事者として決定できることが重要で、政府・行政はそれを実現するための権限や資源を「新しい公共」側に開き、選択肢を作り、制度環境を整えることが責務であるとした（図2）。第7章で紹介した**自治基本条例**も、市町村にとってはこういった環境づくりの第一歩であるといえる。

# 2 住み慣れた地域で迎える高齢期

## 超高齢化社会と健康寿命

　**健康寿命**とは、健康面で日常生活に制限のない期間を指すものである。日本人の平均寿命は世界一長いことが知られているが、健康寿命も世界一である[2]。しかし実際には、平均寿命と健康寿命との差の期間、すなわち日常生活に制限のある「健康ではない期間」が存在していることに注目しなければならない。

　令和5年版高齢社会白書[3]によると、平均寿命は年々伸びているものの、健康寿命との差は縮まっていない（図3）。男性では平均で9年ほど、女性では平均で12年ほどの「健康ではない期間」があり、この期間をどのように暮らすかが重要である。

　筆者が東北地方のある自治体の委託で行った中山間地の暮らしの調査では、調査対象のすべての集落で営農や神事など、ありとあらゆる活動を集落内の支え合いで行っていたにもかかわらず、介護が必要な高齢者の問題

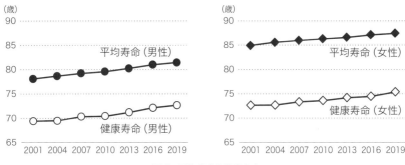

図3　平均寿命と健康寿命

については血縁内の出来事としてウチに秘め、共同で支え合う仕組みはどこにも存在していなかった。超高齢化社会は、はたしてこのような形で乗り越えられるのだろうか。


## 『自宅でない在宅』から地域包括ケアへ

　建築家の**外山義**は『自宅でない在宅』[4] で、日本の高齢者の多くが住み慣れた自宅や地域で最期を迎えられていない現状があることを指摘し、その打開策として、高齢者施設を単なる「施設」から「住まい」へと転換すべく、**ユニットケア**を導入することを提案した。この提案では、高齢者目線の生活単位があり、一人ひとりがその人らしい生活を繰り広げることのできる住空間を拠点に、食事や入浴、排せつなどのケアのあり方を示している。外山によって一般化することになった高齢者施設のユニットケアだが、いまだ在宅で終末期を迎えることはなかなか実現していない。

　現在、国が進めようとしているのが「**地域包括ケア**」である。国民の医療や介護の需要がさらに増加するなか、高齢者の尊厳の保持と自立生活の支援を目的として、可能な限り住み慣れた地域で自分らしい暮らしを最期まで続けることができるよう、2025年度を目処に地域の包括的な支援やサービス提供体制づくりが進められている（図4）。具体的には、自宅やサー

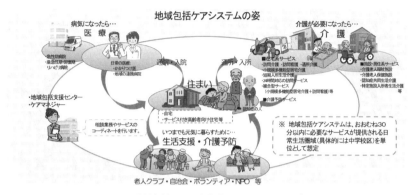

図4　地域包括ケアの全体像（出典：厚生労働省[5]）

ビス付き高齢者向け住宅などの住まいを拠点に、医療・福祉サービスを利用できる環境づくりを目指しているものであり、おおむね中学校区を圏域として想定していることが特徴である。国は明確にうたっていないが、この圏域の規模は、第7章で扱った**町内会**の連合組織や**まちづくり協議会**などのスケールに似通っており、これらの**ローカル・コミュニティ**と NPOなどの**テーマ・コミュニティ**にとっては、**健康寿命**が到来した後の高齢者の暮らしを理想的なものに変えていくための役割が求められている。

## 高齢化社会を支える社会システム

　**健康寿命**が到来した後の医療や福祉だけではなく、日々の生活の移動や買い物などの解決も必要である。大手のスーパーマーケットのインターネット販売が一般化している時代であるとはいえ、地方都市の末端部にまではこういったサービスは行き届いておらず、中山間地などでは移動販売車や生協による宅配サービスへの依存度が大きい。

　日本郵便は 2023 年 9 月に「ぽすちょこ便」という新たな配送サービスを開始した。配達品の持込みと受取りは郵便局に限られるが、当日朝に収穫した野菜をその日のうちに地域内の飲食店に届けることができるなど、

交通至難地での生活の足の一部になることが期待されている。

　**地域包括ケア**の実現のためには、こういった民間サービスが各地にくまなく、かつ地域固有のニーズにも応えながら存在することが望ましい。その意味で、**シェアリングエコノミー**や **MaaS** はいまよりも身近で、高齢者にとっても利用しやすいものになる必要がある。

# 3　公民連携の時代

## 民間の力の活用

　**新しい公共**の実現のためには、民間の力の活用が不可欠である。企業や住民が単なる労力となるのではなく、その専門力や技術力が最大限発揮される関わり方が望ましい。**公民連携（Public Private Partnership）** は、公共サービス部門において民間の資金やノウハウを活用する考え方であるため、地方自治体における導入が盛んになりつつある。以下では、そのいくつかの手法をみてみよう。

### 指定管理者制度

　指定管理者制度は、公共施設などにおいて、施設の建設や所有は引き続き自治体が行い、維持管理や運営を民間に委託する方式である。図書館や劇場など、特殊な設備やシステムを導入している公共施設においては、民間のノウハウが活用しやすく、導入が進められている。

　総務省[6] によると、2021 年 4 月 1 日時点で、全国の 59.5％に相当する77,537 施設で指定管理者制度が導入されている。宮城県塩竈市では、図書館やホール、公民館など、施設の機能も立地も異なる文化施設について、

2024年4月から1社に一括で指定管理者制度を導入しており、全国的にも稀にみるチャレンジングな取組みであるといえる（図5）。

図5　指定管理者制度が導入された文化施設「ふれあいエスプ塩竈」（宮城県塩竈市／ 2024 年撮影）

## PFI（Private Finance Initiative）

　PFIは、公共施設などにおいて、施設は自治体が所有するものの、その建設や維持管理、運営を民間に委託する方式である。従来型の公共事業では、施設の設計、施工、運営をすべてバラバラに発注することになるため、どのような企業でも対応できる平凡な仕様にならざるを得ない側面があった。しかしPFIでは、これらを一括で発注できることで、特殊な工法や高度な運営手法を公共事業に組み込むことができる。また、施設整備費を契約期間で平準化することが可能である。PFIは運営において専門性の必要な病院や空港など、大規模な施設で用いられることが多い。

　内閣府[7] の調査では、2023年3月末時点で、全国の1,004施設でPFIが導入されている。その約半数を文化社会教育分野の施設と経済地域振興分野の施設が占めている。PFIの黎明期であった2005年には、開館から間もない温水プールなどの複合施設「スポパーク松森」（仙台市泉区）が震度5強の地震に見舞われ、プールの天井の崩落などで31名の負傷者を出し

た。市、施工事業者、運営事業者のいずれがこの責任を負うべきか、当時は大きな議論が起きた[8]。現在では、あらゆる公共事業において事前のリスクマネジメントや責任の明確化が徹底されるようになっている。

### コンセッション（公共施設等運営権）

コンセッションは、施設は自治体が所有するものの、運営権を手放し、民間に経営を任せる方式である。関西国際空港、愛知県国際展示場、工業用水道を中心とした宮城県の水道事業などの事例が有名であり、2023年3月末時点で48件の導入事例がある。

## 不採算な公共施設の刷新

都市公園は、レクリエーションや運動の場となるほか、火災の延焼防止や避難場所となるなど防災面での役割も大きいことから、都市計画法に基づいて整備すべき都市施設の1つとなっている。このことから、多くの人たちの利用に供することができる立地に都市公園は整備される。民間が所有していれば多額の**固定資産税**を得られるような好立地であるにもかかわらず、都市公園からは収益はほぼ得られないため、不採算な公共施設の1つである。

**Park-PFI（公募設置管理制度）**は、2017年の都市公園法の改正により創設された制度で、カフェなどの収益施設（公募対象公園施設）の収益を広場や園路、植栽、噴水などの公共部分（特定公園施設）の整備費に充てることができる制度である（図6）。これらの設置や運営をする事業者は公募で選定される。従来の都市公園法では、公園施設の設置管理許可の上限が10年間であるところ、Park-PFIでは20年間に延長されているなど、いくつかの特例もある。

**Park-PFI**の黎明期において、ほぼ同等の仕組みを適用したのが天王寺公園エントランスエリア「**てんしば**」（大阪市天王寺区）である。市立美術

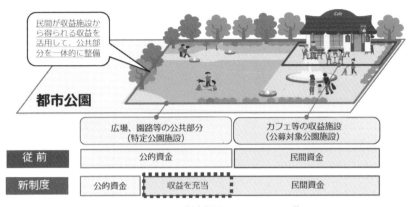

民間が収益施設から得られる収益を活用して、公共部分を一体的に整備

都市公園

| 広場、園路等の公共部分<br>(特定公園施設) | カフェ等の収益施設<br>(公募対象公園施設) |
| --- | --- |

| 従前 | 公的資金 | 民間資金 |
| --- | --- | --- |
| 新制度 | 公的資金 | 収益を充当 | 民間資金 |

図6　Park-PFI の制度概要（出典：国土交通省[9]）

館などが立地していたエリアはかつて有料ゾーンだったが、これを無料化し、公募で選定された民間事業者が公園の再整備を行いつつ、収益源となる便益施設も整備した。事業者はさらにテナントとの間で定期賃貸借契約を結び、これを収益源とした。てんしばの完成により、公園利用者は急増し、2019 年には年間 500 万人を達成した。

　一方で、Park-PFI をめぐって、住民の反発が生じているケースも多い。岩手県盛岡市の木伏緑地では、市は Park-PFI 公募開始当初に周辺の**町内会**や商店組合に対して、「公衆トイレなどを整備する」と説明していた。市が事業者を選定した後、工事が半分ほどまで進んだ時点で、住民らは飲食店の整備事業であることを知り、「昨年の説明と内容が違う」「昼から飲酒できる施設とは聞いていない」「北上川河畔の景観が壊れる」[10] などの反対意見が相次いだが、そのまま整備が進められた（図7）。

　また、茨城県つくば市の県立洞峰公園では、Park-PFI を活用してグランピング施設などを整備する計画が持ち上がり、近隣のマンション管理組合などが反発した。住民らは協議会の設置も求めたが、県はこれを突きはねた。つくば市も同様に県に反対意見を唱えたことをきっかけに、県が同公園を市に譲渡する方針となり、2024 年 2 月に無償譲渡された。

図7　住民への説明が不十分なまま整備された木伏緑地の飲食店（盛岡市／2019 年撮影）

　これらの事例はいずれも、住民と自治体の間での合意形成の欠如に由来するトラブルである。Park-PFI の創設に伴って、都市公園では利用者の利便の向上に必要な協議を行うため、**町内会**などを構成員とした協議会を組織することができることとなっている。また、都市公園法運用指針においては、**エリアマネジメント**団体を構成員とすることも望ましいとしており、協議会は公園利用者や住民らのニーズの反映の観点だけではなく、地区一帯のまちづくりの観点からも、協議会を設立し、**協働**による公園整備を進めることが望ましいといえる。

# 4 市民が支える公共

## 公共サービスとはなにか

　我が国では 2009 年に施行された公共サービス基本法でようやく**公共サ**

表1　公共施設と公共サービス

| 公共施設<br>(地方自治法) | 住民の福祉を増進する目的をもってその利用に供するための施設 |
|---|---|
| 公共サービス<br>(公共サービス基本法) | ・国・地方公共団体の事務・事業で、特定の者に対して行われる金銭その他の物の給付または役務の提供<br>・国・地方公共団体が行う規制、監督、助成、広報、公共施設の整備その他の公共の利益の増進に資する行為 |

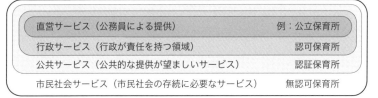

図8　公益的なサービスの種類（出典：武藤[11]をもとに作成）

ービスの定義がなされた（表1）。私たちにとっては、自治体からの役務の提供や公共施設の整備などの面で、公共サービスの恩恵を受けている。

　では公共サービスのすべてが、自治体によって提供されなければならないだろうか。

　私たちの身の回りにある公益的なサービスは、4つに分類されると考えられている（図8）。公共サービスは、公共的な提供が望ましいサービスである。そのうち行政が運営組織を認可することなどをもって、責任をもって民間にその内容について委託する「行政サービス」や、直接的に提供される「直営サービス」が含まれる。これに加えて、認証の仕組みなどにより、ある一定のサービス水準を担保できるものまでを公共サービスの範疇とする考え方が一般的である。これ以外のものは、公共サービスではないものの、無認可保育所や子ども食堂など、私たちの社会が存続していくうえで必要性があるサービスが存在している。

## 公共サービスと受益者負担

　一部の**公共サービス**は、無償で提供されることが前提になっている。たとえば、図書館は資料を収集したり、保存したり、私たちがそれらを利用したりすることを通じて、教養や調査研究などに資することを目的とした施設であるため、公立図書館は入館料や資料利用の対価を徴収してはならないと図書館法で定められている。義務教育の学校も同様である。また、法令などにより公営住宅やデイサービスセンターなどでは、使用料の算定基準が規定されている施設もある。

　他方で、公民館やホールなどの貸し館を伴う施設、スポーツ施設や観光施設など、入場料を徴収することが適切である施設もある。上下水道なども、その利用実態に応じた受益者負担の施設である。

　自治体によっては、利用料の減免制度を持っている施設も多く、**町内会**などの地縁組織であることを理由に、集会施設の利用が無償化されているケースも散見される。

　施設の利用が無償であることや、その管理や運営を当たり前のように自治体が行っていることは、時に公共サービスの本質を誤解することにつながってしまう。図8に示した通り**公共サービス**は、私たちの生活の存続に必要なサービスの一部をなしているものである。すなわち、公共サービスは自治体が提供することで実現するものではなく、企業や住民らとの**協働**が行われることによって初めて実現可能になるものである。


## 意見を言うことと決定すること

　第5章や第6章で紹介した通り、自治体によって策定されるさまざまな計画には、私たち住民も意見を述べ、あるいはその実行に参画することが多い。しかし住民は、直接的な決定権は持たず、代議制（間接民主制）によって決定していくことになる。これは、我が国の憲法で定められた直接民主制の範囲に関する規定によるところである（表2）。

第10章　成熟社会の公共意識

表2 直接民主制の範囲

| 日本国憲法 | 1. 憲法改正に際しての国民投票（96条）、<br>2. 地方自治特別法の制定に際しての住民投票（95条）<br>3. 最高裁判所裁判官の国民審査制度（79条） |
|---|---|
| 地方自治法 | 町村総会（94条・95条）…憲法93条第1項の「議会」に相当 |

**東日本大震災**では、任意の諮問機関であるにもかかわらず、住民が議決に参画したことによって、復興の行く末を左右した事例がある。

宮城県名取市は、沿岸部の閖上地区を中心に津波で大きく被災し、911名が亡くなった。当時の市長は震災発生の2か月後に、市の震災復興計画の策定のための諮問機関として「新たな未来会議」を立ち上げた。特に閖上地区の復興については現地での再建とするか、安全な場所を求めて集団移転するかで意見が割れていた。震災当年の8月に開催された第6回会議では、市長から早期に結論をみるよう促されていた会長は、現地再建と集団移転のいずれを選択するか、住民委員に採決を迫った。この結果、現地再建5名、集団移転3名（後に1名が賛否取消し）となり、多数決による決定が、市長宛の提言書に盛り込まれた。その後、市長は会議の結論を尊重するとの立場を表明した。

この後、「閖上地区に戻りたい」とする住民の数が市の想定を下回っていることが判明し、市は2度にわたって計画の規模を縮小せざるを得なくなり、復興は大幅に遅れた。

名取市の手法は、以下の観点で稚拙だったといえる。1つには、この会議があくまでも諮問機関として立ち上がっていること、そして諮問機関の結論であることを理由に市長がその後の議論に取り合おうとしなかったことにある。また、会議では少人数での多数決が採用され、民主的な手法であるとはいえない。さらに、採決に参加した委員は住民が選出した委員ではないため、代議制としての体裁もなしていない。

復興時の意思決定手法として参考になるのは、第7章でも紹介した神戸市である。神戸市では条例に基づき、地区ごとに**まちづくり協議会**を組織

しており、協議会は都市計画法上の**地区計画**の策定に際しての意思決定の機関として位置付けられている。**阪神・淡路大震災**の復興に際しては、さらに土地区画整理事業を推進するための組織として、市の認定を受けた「復興まちづくり協議会」が55地区に組織され、合意形成を進めた。後者の協議会は地権者によって構成されているため、前者の協議会の組織の複雑さをスリム化する効果があったといわれている[12]。

注釈・参考文献
1) 内閣府：『第4回「新しい公共」円卓会議 資料「新しい公共」のイメージ』, 2010
2) 日本ではサリバン法という算定方法を用いているが、WHO（世界保健機関）では健康状態を重みづけしたロジャース法を採用している。
3) 高齢労働省：『令和5年版高齢社会白書』, 2023, p.26
4) 外山義：『自宅でない在宅 —高齢者の生活空間論』, 医学書院, 2003
5) 厚生労働省：『平成27年版厚生労働白書』, 2015, p.253
6) 総務省：『公の施設の指定管理者制度の導入状況等に関する調査結果』, 2022, pp.1-2
7) 内閣府：『PFI事業の実施状況』, 2024, p.4
8) 後に、天井の落下は施工の不良に起因する事故であったことが判明した。この事故を契機に、PFIをはじめとする公共事業ではリスクマネジメントがより徹底されるようになった。
9) 国土交通省：『都市公園の質の向上に向けた Park-PFI 活用ガイドライン（令和5年3月改正版）』, 2023, p.3
10) 河北新報：『盛岡市・都市公園整備でまた騒動／北上川沿い緑地に飲食店／事前説明なく住民反発』, 2019年8月27日付朝刊
11) 武藤博己：『行政サービスを外部化する場合の課題』, 都市とガバナンス, 27, 2017, pp.36-43
12) 吉村真悟, 姥浦道生, 苅谷智大, 小地沢将之：『復興まちづくり協議会の長期的活動実態に関する研究 —阪神・淡路大震災における神戸復興まちづくり協議会に着目して』, 日本都市計画学会 都市計画論文集, 51(3), 2016, pp.261-268

コラム **4**

# 高齢者の住替えは難しい

　我が国の空き家の数は増加の一途をたどっている。市場全体でみても住宅は供給過剰である。健康寿命が到来した後も、可能な限り自立した生活を送るためには、買い物や通院が不便な郊外住宅地のマイホームから、生活の便利な地区の賃貸住宅への住替えが進むことが望ましいが、現実には高齢者や低所得者などの住替えは難しい。その背景にあるのは、家賃滞納や孤独死などを懸念する不動産業者や賃貸住宅のオーナーの感情だ。

　そこで2017年から新たな制度として「住宅セーフティネット制度」がスタートした。この制度は高齢者などの住宅確保要配慮者の入居を拒まない住宅をセーフティネット住宅として登録させ、住宅確保要配慮者は登録された住宅から選んで入居することで、入居拒否などに遭わなくて済むうえに安い賃料で入居することができる。一方で賃貸住宅のオーナーは、自分の物件をセーフティネット住宅に登録することで国から改修工事や家賃の補助などが受けられる。

　残念なことに、現時点で登録されているセーフティネット住宅は、公共交通や都心へのアクセスが非常に悪く、狭小で、居住環境もよくないものが多いため、高齢者にとっての自由な住替えにはまだほど遠い。

## 考えてみよう ........................................................................

　健康寿命が到来した後の日々の生活には、どのような手助けが必要だろうか。その手助けは誰が行い、費用負担はどうするとよいだろうか。

第**11**章

移りゆくコミュニティの中心

# 1 コミュニティの中心はどこか

## コミュニティの中心はどこか

　筆者は先行研究[1]の手法にならって、2021年2月に札幌市と仙台市に居住する各600名に「地域**コミュニティ**の中心として、どの施設が特に重要」だと思うか、単一回答で尋ねた（図1）。この結果、コミュニティの中心として、学校や商店街を挙げる回答が多かった。本章では、これらの持続可能性について検討していきたい。

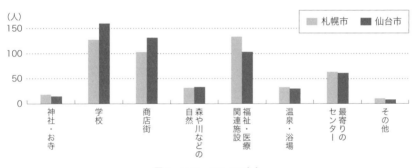

図1　コミュニティの中心

## 立地適正化計画の誘導施設

　**コンパクトシティ**の実現のための具体的な施策である**立地適正化計画**では、居住者の共同の福祉や利便性の向上を図るために必要で、かつ都市機能の増進に大きく寄与するものを、**都市機能誘導区域**内において**誘導施設**として定めることとなっている。誘導施設の例（第6章・表1）では、このアンケート調査でも**コミュニティ**の中心として多くの得票を得た学校や商業施設、医療・福祉施設が挙げられているが、これらを誘導施設として設定するか否かは、市町村ごとの判断に委ねられている。

すなわち、コミュニティの中心にあるべき施設は、都市政策上は明確にされていない。では、持続可能な社会を構想する観点で、どのような施設がコミュニティの中心としてふさわしいか、みていこう。

# 2　学校

## コミュニティと学校

　先のアンケート調査では、**コミュニティ**の中心は学校であるとの回答が多かった。第3章で紹介した通り、私たちのコミュニティの単位のルーツは明治時代の**市制・町村制**にあり、1つの**行政村**に対して1つの小学校をつくってきた経緯がある。また、我が国のニュータウン建設に際しては、ペリーの**近隣住区論**を参照しているケースも多く、これらの背景がコミュニティの中心として学校が強く意識される由縁となっている。

表1　小中学校数の推移（学校基本調査（文部科学省）をもとに作成）

| | 小学校数（校） | 中学校数（校） |
|---|---|---|
| 1950 | 25,878 | 14,165 |
| 1960 | 26,858 | 12,986 |
| 1970 | 24,790 | 11,040 |
| 1980 | 24,945 | 10,780 |
| 1990 | 24,827 | 11,275 |
| 2000 | 24,106 | 11,209 |
| 2010 | 22,000 | 10,815 |
| 2020 | 19,525 | 10,142 |

一方で、近年の少子化により、学校の統廃合が進んでいる（表1）。小学校では、農山漁村における閉校数と郊外住宅地における新設数が拮抗していた時期があるが、近年では高度経済成長期に建設された郊外住宅地の人口減少が進み、都市部でも小学校の閉鎖が始まっている。中学校は町村部を中心に、比較的早い時期から1校への統合が進んできた。こういった現実をふまえると、学校はコミュニティにとって持続可能な中心ではない可能性が大きい。

## 廃校利用

　2021年の文部科学省の調査によると、2002年度から2020年度に発生した廃校は8,580校で、このうち施設が現存するのは7,398施設、さらにいわゆる廃校利用されているものが5,481施設に上るという。**社会教育施設**などの公共施設に転用したり、集会所に転用したうえで管理運営を**町内会**などに委託したりするケースが全国にみられるが、このような廃校利用は長く続かず、**公共施設等総合管理計画**に基づく公共施設の適正化の判断を受けて、解体されるものも増加傾向にある。

　廃校の一部は、民間事業者が買い取り、福祉施設や工場などとして施設を利用するケースもある。しかしながら、廃校になる地区はそもそも極端な人口減少が進んでいる地区であり、市場の拡大や従業員の確保などの面において、事業が軌道に乗りにくい立地であることは否めない。2024年にも、東京のベンチャー企業が入居していた山梨県内の中山間地の廃校において、長期にわたって賃料が未払いとなり、町が提訴したことが話題になった[2]。

　筆者らが2018年に実施した宮城県内の廃校利用の調査では、それまでの10年間で廃校になった101校のうち、指定緊急避難場所と指定避難所を兼ねている施設は29施設に留まり、このうち6施設は常時利用されていないことがわかった[3]。これは、校舎や体育館など施設の一部が解体された

り、施設の管理の手が市町村から離れたりすることで、人々の生命を守る
レベルでの防災に資する施設ではなくなったことを表している。

　こういった観点で、廃校に至った学校が**コミュニティ**の中心であり続け
ることには、やや無理がある。


## 学びの拠点としての学校

　地域住民にとっての学校の役割は、以前よりも大きくなってきている。

　たとえば、**コミュニティ・スクール（学校運営協議会制度）**は、住民ら
が学校と連携し、学校運営にともに取り組むことで、特色ある学校づくり
を進めるものである。この制度下で設立される学校運営協議会では、校長
が作成した学校運営方針を承認したり、学校運営に意見を述べたりするこ
とができる。また、学校と地域のコーディネーター役となる地域学校協働
活動推進員が活躍することになる。推進員は連絡調整だけではなく、学校
と地域による協働活動の企画や運営なども担うことになる。地域側には、
地域学校協働本部が置かれ、課題解決学習やふるさと学習の支援、放課後
の子どもたちの居場所づくり活動である**「放課後子供教室」**の運営、学校

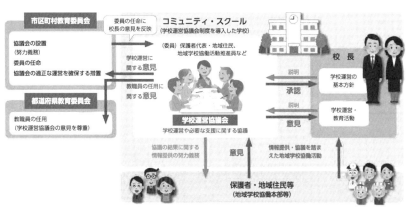

図2　コミュニティ・スクールの概要（出典：文部科学省[4]）

図3　わくわく遊び隊のようす（写真：塩竈市／ 2022 年撮影）

行事の支援などを行っている。学校教育、家庭教育、社会教育の融合による教育活動である**学社連携事業**も、これらの担い手によって実現されている。なお、2019 年に地方教育行政の組織及び運営に関する法律が改正され、学校運営協議会の設置は努力義務となっている。

　宮城県塩竈市では、2016 年から「塩竈アフタースクール事業（わくわく遊び隊）」を実施している（図3）。運動要素を取り入れた遊びなどを各小学校で実施するもので、現在は各校とも地域住民らで組織される運営委員会が運営している。**放課後子供教室**や**学童保育（放課後児童クラブ）**とは異なり、活動指導員として多くの地域住民が関わっていることが特徴である。

　近年の学校をめぐる制度改革により、学校はおおいに**コミュニティ**の中心になり得るが、その機能が廃校によって一気に損なわれてしまうといえる。

# 3 商店街

## 商店街の衰退

　まちなかの衰退の要因については第 7 章でも扱ったが、商店街はその規模にかかわらず、衰退の一途をたどっている。これは、店舗併用住宅が減少し、商店街の夜間人口が減っていることと相関があると推測できる（表2）。

表 2　店舗その他併用住宅数の推移（住宅・土地統計調査をもとに作成）

|  | 世帯が居住している住宅総数<br>（万戸） | うち店舗その他併用住宅数<br>（万戸） |
|---|---|---|
| 1968 | 2,420 | 474 |
| 1978 | 3,471 | 304 |
| 1988 | 3,741 | 271 |
| 1998 | 4,392 | 219 |
| 2008 | 4,960 | 132 |
| 2018 | 5,362 | 97 |

　1976 年の**酒田大火**の復興都市計画では、被災した中心市街地を防火地域に指定した。多くの商店主は店舗併用住宅の再建に際して、近隣の商店主らとともに自主的に鉄筋コンクリート造の共同建物の建設を行うなどして、建築費の圧縮に努めた[5]。しかしながら、同時期に国道 7 号線・酒田バイパスが開通したことにより**モータリゼーション**が進み、店舗併用住宅で暮らしていた商店主の住まい部分の郊外移転が進んだ[6]。2009 年からの第 1 期中心市街地活性化基本計画では、**TMO** の主導で店舗部分のテナントリーシング（空き店舗の市場流通化）が行われたが、住居部分の空きは改善せず、商店街の求心力は先細っていった。

## 商店街の中心性

　私たちの買い物行動の変化もあり、買い物は日々の行動としては一般的ではなくなりつつある。全国都市交通特性調査の結果をみてみると、平日の外出率は1987年（第1回調査）の86.3％から、2021年（第7回調査）では74.1％に減少している。同様に、1日のトリップ数（移動回数）も2.63から1.96に減少している。これは、平均的な国民の平日は、通勤先や通学先と自宅を往復するだけの生活であることを意味する。また、三大都市圏ではテレワークの増加により、通勤や業務に伴う移動が減ったことも明らかになっている[7]。すなわち、毎日のように食品などの最寄り品を買うために仕事帰りに立ち寄っていた商店街は、私たちの日常生活の一部ではなくなった。

　近年では、中心市街地活性化基本計画に基づく事業で、まちなかに公共施設などの整備を進めている市町村もあるが、これはまちなかの復権であり、商店街の復権ではない。したがって、商店街にかつてのような**コミュニティ**の中心性を期待することは難しい時代となったといえる。


# 4 コミュニティ施設

## 社会教育施設

　本章冒頭で紹介した筆者の調査では、先行研究にならって「最寄りのセンター」という選択肢を設けたが、社会の諸制度に照らし合わせるとすれば、**社会教育施設**としての**公民館**、法定の施設ではないが住民自治の拠点となっている**コミュニティセンター**や**まちづくりセンター**などと呼ばれる施設などがこの選択肢に該当する。

**社会教育**とは、青少年や成人に対して行われる教育活動を指し、体育やレクリエーションなどを含むものであると社会教育法で定められている。社会教育施設には公民館、図書館、博物館が該当する。このうち公民館は市町村が設置し、市町村やその一定区域内の住民のために、教養の向上、健康の増進などを図る施設として位置付けられている。すなわち公民館は、合併前の旧市町村単位や小学校の学区単位など、その地域の特性に応じたスケールでの社会教育のための施設であり、コミュニティの中心性を伴い得る。

　社会教育の専門資格である社会教育主事は、公民館への配置が義務ではないにもかかわらず、公民館が**新生活運動**の拠点になったことに伴い、多くの市町村で配置されてきた。地方自治体の財政難を背景に、市町村職員の人員削減や施設の改廃が進められるなかで、公民館は施設や職員数の多さがゆえに、再編の対象になる傾向が非常に強い。実際にこの20年ほどで、公民館の数も社会教育主事の配置数も大きく減少している（**表3**）。

　一方で、公民館への**町内会**などの関与は深まっている。公民館の数は減

表3　社会教育主事数と公民館数の推移（社会教育統計をもとに作成）

| | 社会教育主事<br>（人） | 公民館主事<br>（人） | 公民館数<br>（館） | うち<br>指定管理導入<br>公民館数<br>（館） | うち<br>町内会などに<br>よる管理<br>（館） |
|---|---|---|---|---|---|
| 2002 | 5,383 | 18,591 | 18,819 | 不明 | 不明 |
| 2005 | 4,119 | 17,805 | 18,182 | 672 | 不明 |
| 2008 | 3,004 | 15,420 | 16,566 | 1,351 | 不明 |
| 2011 | 2,518 | 14,454 | 15,399 | 1,319 | 不明 |
| 2015 | 2,048 | 13,275 | 14,841 | 1,303 | 350 |
| 2018 | 1,681 | 12,334 | 14,281 | 1,407 | 395 |
| 2021 | 1,451 | 11,795 | 13,798 | 1,477 | 495 |

※公民館主事は公民館で指導を行う職員であるが、資格は不要である。
※公民館には、類似施設を含む。

少の一途をたどっているが、町内会などの地縁組織が公民館の指定管理者となる件数が近年になって増加している。これは、社会教育の拠点である公民館が**コミュニティ**の拠点へと役割が移り変わりつつあることを意味している。第10章では、地方自治体の財政難をきっかけとして公共施設の運営に民間の資金やノウハウを活用することについて紹介したが、地域住民を施設運営に当てることはけっして安価な人材の活用という意味合いではない。町内会などが関与することには別の側面があるので、この背景についてみてみよう。

## まちづくりのための拠点施設

1969年、自治省の国民生活審議会調査部会コミュニティ問題小委員会の報告書[8]では、**コミュニティ**の定義がなされた。この定義が必ずしもその後の時代で援用されることは多くないが、この報告書ではコミュニティを「生活の場において、市民としての自主性と責任を自覚した個人および家庭を構成主体として、地域性と各種の共通目標をもった、開放的でしかも構成員相互に信頼感のある集団」と定義している。

さらに報告書では、「都市化と生活圏の拡大の進展のなかで、それぞれの地域住民が多様化し、高度化する欲求を満し住民相互間の人間的交流が図られる場」として、コミュニティ施設としての**コミュニティセンター**の必要性を説いている。各地での要望をふまえると、体育館、運動場、図書館、集会所、託児室、**公民館**などの機能の複合によることが期待されるとしている。

この報告書を受け、自治省は1971年4月に「コミュニティ（近隣社会）に関する対策要綱」を都道府県宛に通知し、新しいコミュニティづくりに資する施策を進めることとした。具体的には、全国に小学校の学区単位ほどの規模を基準としたモデル・コミュニティ地区を設定し、住民参加によりコミュニティ整備計画を策定し、国の財政的な措置によりコミュニティ

センターを整備することとされた。1971年度からの3年間で、合計83地区がモデル・コミュニティ地区に選定されたが、これを機に、**社会教育施設**である公民館とは別に、コミュニティセンターが全国各地に整備され、その多くは**町内会**などの地縁組織によって管理運営されるに至っている。

　当初のコミュニティセンターには、コミュニティ内での相互交流の場という意味合いが強かったが、これを変えたのが2000年代に入ってからの**自治基本条例**の登場と、2008年の中央教育審議会の答申「新しい時代を切り拓く生涯学習の振興方策について」である。

　自治基本条例では、第7章で紹介した山形県遊佐町のように、住民のまちづくり活動の拠点が置かれることが多い。遊佐町では、当時の小学校区単位に**まちづくりセンター**が置かれ、地域の諸課題の解決の拠点として位置付けられた。もともとは、社会教育施設であった公民館6館を、2011年4月からは**まちづくり協議会**が管理運営する施設へと移行したものである。遊佐町では、老朽化していた3館の建替えの協議もまちづくり協議会が主導し、プロポーザル方式で設計事業者を選定するための募集要綱を策定する**ワークショップ**や、選定された設計事業者との間で設計案を詰めるワークショップなどが繰り返し行われた（図4）。あるセンターでは、ワー

図4　まちづくりセンター建設のためのワークショップのようす（山形県遊佐町／ 2012年撮影）

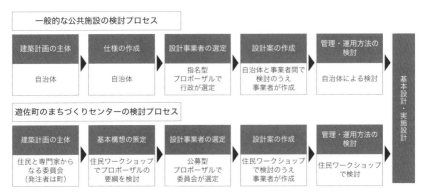

図5 遊佐町のまちづくりセンターの検討プロセス

クショップで出た意見に基づいて、住民らが新たに**放課後子供教室**に取り組み、また別のセンターでは、廃校になった小学校の敷地内に移転することで、集落の拠点性を高めることにつながった。従来は行政主導で進められていく閉ざされた公共施設建設の検討プロセスを、**新しい公共**側に開いた先進的な事例の1つであるといえる（図5）。

　一方で中央教育審議会の答申では、公民館においては「高齢者を交えた三世代交流等の実施や、各地域において受け継がれている子どもの遊び文化の伝承等を通じて、世代を超えた交流の場として活性化を図ることが必要である」[9]とし、先のコミュニティセンターに求めてきた交流の場としての役割を担うことが求められた。さらに、「地域の課題解決に向けた支援を行い、地域における「公共」を形成するための拠点となることが求められる」[10]とし、社会教育施設の役割が地域課題の解決の支援にまで拡張されるべきであると指摘した。

## 立地適正化計画での位置付け

　**社会教育施設**としての**公民館**は、**コミュニティ**における課題解決型のまちづくり活動の支援拠点としての役割を合わせ持つようになった。一方

で、かねてよりコミュニティの拠点であった**コミュニティセンター**や**まちづくりセンター**は、**町内会**をはじめとする地縁組織や**まちづくり協議会**などが管理や運営を行ってきた歴史がある。表3に示した通り、町内会などが公民館の指定管理を受託する事例が増えてきているのは、以上の異なる施設の機能が融合しつつある証左であるといえる。

**立地適正化計画**では、公民館やコミュニティセンターなどのコミュニティ施設を**誘導施設**として位置付けている事例はまだ少ないことを第6章で紹介した。しかし、以上のように**公共サービス**としての**社会教育**のみならず、交流や地域課題の解決の場などとして、コミュニティの中心にあるべき施設である。今後、都市政策においてもその位置付けについて丁寧に検討されるべきであろう。

# 5 街路と公園

## 街路をめぐる現状

都市計画道路は、人や物の移動を支える交通ネットワークとしての役割があるが、これに加え、火災の延焼防止などの防災面やライフラインの収容などの役割を有している。その規模や費用が莫大であるため、都市計画道路は都市計画決定から完成まで長い時間を要する。

我が国の道路において最初に街路樹が計画されたのは、1866年の大火後の横浜居留地において、防火を目的したものだといわれている。また同様の理由で、**関東大震災後の後藤新平**（内務大臣兼帝都復興院総裁／図6）による復興都市計画においても、大きな幅員の道路と一体的に街路樹が計画された。これに対して**第二次世界大戦**からの戦災復興都市計画では、緑

図6　後藤新平
（写真：近世名士写真／撮影年不明）

地や街路の計画に際して、防災だけではなく「美観を兼ねしむること」とした。これは、計画を主導した都市計画家の**石川栄耀**が強く影響を受けていた**アテネ憲章**が色濃く反映されているといえる。

　仙台市における戦災復興都市計画においても、16路線で街路樹を植えた都市計画道路が計画された。この背景には、建設局長であった**八巻芳夫**による「『杜の都』の再現」[11] に向けた強い熱意があるといわれ、細やかに樹種の選定が行われた記録が残っている。八巻によってつくられた通りの1つである定禅寺通り（図7）は、いまや「杜の都」仙台のシンボルロードとなっている。

　都市計画道路の実延長は非常に長く（表4）、通常の維持管理だけでも管理者である自治体にとっては相当な負担となっている。特に街路樹の落ち葉の清掃は、近隣住民からの苦情も多く、近年になって伐採されるケースも増えてきている。このようななか、街路樹の落ち葉の清掃だけではな

図7　定禅寺通り（仙台市青葉区／2017年撮影）

表4　道路の実延長 (道路統計年報より作成)

| 道路種別 | 実延長 (万 km) |
|---|---|
| 高速自動車国道 | 0.9 |
| 一般国道 | 5.6 |
| 都道府県道 | 13.0 |
| 市町村道 | 103.4 |
| 合計 | 122.9 |

く、草刈りや除雪、ごみ拾い、花壇の管理などにおいて、町内会などの近隣住民や市民サポーターによって実施している地域も1990年代後半から増えており、これは一般に**アダプト・プログラム**（里親制度）とよばれている。

　ところで、地域振興などの観点で、街路空間を活用したいとのニーズはかねてよりあったが、以前はそのハードルが非常に高かった。道路管理者への道路占用許可、一時的な使用であれば警察への道路使用許可、飲食物を扱う場合は食品営業許可の取得が必要で、その複雑さから街路空間の利用はなかなか進まなかった。筆者が学生時代に商店街のアーケード街で企画したフリーマーケットイベントも、道路使用許可を得るためには申請段階でそのイベントの公共性を立証する必要があり、商店街振興組合が申請者となること以外に道路使用許可を得られる道筋がなかった。国土交通省は2005年に「道を活用した地域活動の円滑化のためのガイドライン」を公表したが、当時は許可手続きが簡素化されるには至らなかった。

　2020年になってようやく道路法などが改正され、**歩行者利便増進道路制度（ほこみち制度）**が創設された。ほこみち制度では、道路管理者が歩道において「歩行者の利便増進を図る空間」を定めることができ、道路占用許可が柔軟化されることとなった（図8）。また公募によれば、最長20年間まで道路空間を占用することも可能になり、たとえばテラス付きの飲食店などの参入も期待できるようになった。なお、**ほこみち制度**の創設当初

第**11**章

移りゆくコミュニティの中心

195

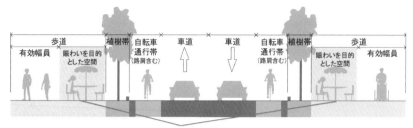

歩行者の利便増進を図る空間

図8　ほこみち制度の空間イメージ（出典：国土交通省[12]）

は、新型コロナウイルス（COVID-19）の感染拡大期であったため、感染症対策としての屋外での飲食空間づくりや飲食店の需要喚起策として活用された。

　街路と私有地の間にセミパブリックな空間を設けることで、生活上のさまざまなニーズに応えてきた事例もある。たとえば、豪雪地域である新潟県の「雁木」や、青森県津軽地方の「こみせ」（図9）などは、町屋が庇を長く出し、積雪時の歩行空間を確保できるようにした伝統的な建築様式であるが、私有地を線形状につなぎ、歩行者ネットワークをつくりつつ、さらに生み出されたセミパブリック空間を商業活動などに利用することもあ

図9　こみせが連なる通り（青森県黒石市／2009年撮影）

図10　こみせを模した地区計画による規制（青森県弘前市／2010年撮影）

る。

　青森県弘前市では、「こみせ」を模し、建築物の1階部分の壁面をセットバックさせて歩行空間を設けることが**地区計画**により定められている地区もある（図10）。

　以上のように、土地所有者が私有地の一部を都市空間に開放したり、住民らが**アダプト・プログラム**などを通じてその維持管理に関与したり、あるいは新たな歩行空間のあり方が実現したりするなど、街路には**公民連携**のフィールドとしての歴史的な蓄積がある。街路には、私たちの多面的な関わり方が存在しており、その観点で**コミュニティ**の中心として育てていくことが可能である。

## 公園をめぐる現状

　大都市の都市公園では、公園愛護会による清掃や草刈り、遊具の点検などが行われている場合が多い。1961年に横浜市や京都市などで導入が始まった制度で、特に住宅街の小規模な都市公園では、都市公園ごとに公園愛護会が置かれている。公園愛護会は、実質的には公園が所在する地区の

**町内会**などの地縁組織がその役割を担っており、市町村との関係は旧来的な垂直型の関係による管理活動である。

　都市公園との違いを目視で判別するのが大変難しいが、厚生労働省の所管である**児童遊園**は、児童福祉法により1947年に児童福祉施設として位置付けられた。子どもたちの遊び場が不足している場所に優先的に設置することとされ、330m²以上の規模を持ち、遊具や広場が備えられ、児童厚生員が遊びの指導を行う場所として定義されている。急激な**スプロール**によって十分な都市公園が整備されなかった地区に重点的に整備され、児童館に併設されているものが多い。なによりも、都市計画によって整備される施設ではないため、都市計画区域外にも整備されていることが特徴である（図11）。

図11　都市計画区域外に整備された児童遊園（岩手県八幡平市／2021年撮影）

　児童遊園は、標準的児童遊園設置運営要綱において「地域における児童を対象として、児童に健全な遊びを与え、その健康を増進し、自主性、社会性、創造性を高め、情操を豊かにするとともに、母親クラブ等の地域組織活動を育成助長する拠点」とされており、もとより**コミュニティ**の拠点性を有している。しかしながら、多くの児童遊園は**高度経済成長期**に整備

され、老朽化が進んでおり、すでにその大半が適切に更新できず廃止されてしまっている（表5）。都市公園のように、公園愛護会が設置されることも少なく、併設されている児童館による管理に依存しているケースも多い。

表5　児童遊園数の推移
(社会福祉施設等調査より作成)

| | 児童遊園数（か所） |
|---|---|
| 1970 | 2,141 |
| 1980 | 4,237 |
| 1990 | 4,103 |
| 2000 | 4,107 |
| 2010 | 3,283 |
| 2020 | 2,173 |

　独自に、子どもたちの遊び場づくりに関する制度を有している市町村もある。長野市では、地元の区長会からの要望があった場合、私有地の土地を賃借することにより、広場を確保してきた。遊園地とよばれる広場は、長野市内で500か所以上存在しており、都市公園ではないにもかかわらず公園台帳に記載されるなど、公共性の高い位置付けにあることは明確だった。しかしながら、2022年に市民1人からの苦情によって遊園地が閉鎖されるに至り、このことは全国的に大きく話題となった[13]。市による閉鎖の判断を区長会が追認したことが決め手となったが、遊園地の利用者である子どもたちをはじめ、特に地区外の利用者からは、その地区の独善的な判断で公共的な決定がなされることを問題視する声は多く、市には苦情が殺到した。特に公共性をも伴う出来事であったため、本来であれば限定的なコミュニティの内発的な判断ではなく、ソトの利用者を含めた**創発性**を伴った検討が必要だった事例であるといえる。

さて、第10章では都市公園への**公民連携**の導入手法として**Park-PFI**について紹介し、公募で選定された事業者が協議会を通じて住民らと丁寧に対話をすることが重要であることを指摘した。公園は**町内会**などの地縁組織が長らくその管理に携わり、特に子どもたちの育成の拠点として活用されてきた。このことをふまえると、公園は十分にコミュニティの中心となり得るといえよう。

## 低未利用地の用途転換

　**スマートシュリンク**の時代において、郊外住宅地の空き地や公共施設の跡地など、利用に積極性がみられない「低未利用地」の発生が見込まれる。このような低未利用地も、住民らの公共的な役割を喚起できる重要な場所である。

　ニューヨーク・セントラル鉄道のウエストサイド線の高架部分である**ハイライン**は1934年に開業し、都市部の貨物輸送を担った。しかし、自動車輸送が主流になったことで、1980年にはその役割を終え、ハイラインは長らく放置されたままだった。2000年代に入り、ニューヨーク市がハイライ

図12　ハイラインのようす（ニューヨーク）

ンを公園として再整備することになった。2009年に第1区間、その後に順次、各区間がオープンし、全長2.3kmの線形の公園となった（図12）。

　ハイラインはもともと、地元の非営利団体の着想から始まり、投資家らが支援を行い、市が具体的な計画をとりまとめるなど、**公民連携**がうまく進んだ事例である。公園化された後、近隣の不動産価格が上がる効果もみられており、低未利用地の用途転換をきっかけに、地区の**ジェントリフィケーション**をも引き起こしている。


## グリーンインフラ

　自然環境には、生物の生息・生育の場の提供、良好な景観形成、気温上昇の抑制などの多様な機能が備わっており、これらの機能を社会におけるさまざまな課題解決に活用しようとする考え方を**グリーンインフラ**という。

　**仙台防災枠組**においても、生態系の持続可能な利用や管理を強化することを通じて、災害リスク削減を組み込んで、環境や天然資源の管理を実施することの重要性を指摘している。たとえば棚田を保全することによって土砂崩壊を防止したり、微高地である自然堤防上に集落を形成したり、海岸の防災林やマングローブにより高潮や津波による被害を低減したりすることがこれに当たる。自然を効果的に利用して、激甚化する自然災害の防災や減災の役に立てようというこのような考え方をEco-DRR（Ecosystem-based Disaster Risk Reduction）とよぶ。

　従来の街路や公園は、自治体が所有し、管理するものであったが、ここまで紹介したように実際には私たちが多様な関わり方をしているフィールドである。街路や公園は、**温室効果ガス**の削減や安全安心な社会づくりなどを実現できる場所であることをふまえると、世界中のあらゆる人たちがもっとも身近な場所で社会的な課題の解決に貢献できるグリーンインフラであるといえるだろう。

注釈・参考文献

1) 広井良典:「コミュニティとは何か」,『コミュニティ』(広井良典, 小林正弥 編著), 2010, pp.24-26

2) 朝日新聞による報道 (2024 年 1 月 12 日)。

3) 石母田真似, 小地沢将之:『廃校を活用した避難所運営の実態』, 2018 年度日本都市計画学会東北支部南東北ブロック研究発表会発表要旨集, 2019, pp.41-44

4) 文部科学省:『コミュニティ・スクール 2018 〜地域とともにある学校づくりを目指して〜』, 2018, p.1

5) マンションのような区分所有建物を建設したが, 敷地は共有化しておらず, マンションとは異なる。詳しくは, 以下の文献を参考していただきたい。小地沢将之, 菊地亮哲:『復興都市計画後の住環境を巡る課題とその改善 ―酒田大火後の中心市街地における取組みを通じて』, 2016 年度日本建築学会大会都市計画部門パネルディスカッション資料集「限界住環境のゆくえ 〜次世代型住環境価値の創造〜」, 2016, pp.37-40

6) 小地沢将之:「酒田大火復興計画」,『60 プロジェクトによむ日本の都市づくり』(日本都市計画学会 編), 朝倉書店, 2011, pp.52-55

7) 2021 年 (第 7 回調査) は同年 10 〜 11 月に全国 70 都市で, 各都市 500 世帯を対象に実施された。調査は新型コロナウイルスの感染拡大が収まっている時期に実施されており, 外出行動を控える動きではなく, テレワークなどの新しい行動様式が結果に表れていると考えられている。

8) 国民生活審議会調査部会コミュニティ問題小委員会委員:『コミュニティ―生活の場における人間性の回復』, 1969, pp.153-185

9) 中央教育審議会:『新しい時代を切り拓く生涯学習の振興方策について 〜知の循環型社会の構築を目指して〜 (答申)』, 2008, p.26

10) 同上, p.42

11) 八巻芳夫:『杜の都仙台市の街路樹』, 宝文堂, 1976, p.21

12) 国土交通省:『歩行者利便増進道路 (ほこみち) 制度の詳細説明』, 2023, p.3

13) 朝日新聞による報道 (2023 年 3 月 1 日) ほか。

# 第 12 章

# 住み続けられるまちの創造へ

# 1 基本ルールは 「誰ひとり取り残さない」こと

## 世界基準から私たちの生き方を考える

　第1章では世界共通の3つの**グローバルアジェンダ**を取り上げた。直近では2030年の達成目標が設定されているが、おそらくその後の時代においても人類共通の目標となるものと思われる。

　では、その達成状況は順調だろうか。また、世界の末端にいる私たちは、どのようにふるまえばよいのだろうか。

## パリ協定の中間評価

　2023年11月〜12月にかけて開催された**国連気候変動枠組条約締約国会議（COP28）**では、**パリ協定**で定められた5年に1度の進捗評価「グローバル・ストックテイク」が初めて行われた。このなかで、現在の取組みのままではパリ協定の目標達成はほぼ不可能なため、2030年までを念頭に、公正で秩序ある方法で、化石燃料からの脱却に向けた行動を加速させる旨が成果文書に盛り込まれた。

## SDGsの中間評価

　同じく2023年に折り返しを迎えた**SDGs**は、9月の国連総会の首脳級会合において、169のターゲットで達成を遂げた項目は15%にすぎないことを確認した。国連のグテーレス事務総長は「危機的状況にある」との懸念を表明し、「早急な軌道修正と進捗の加速」を誓う政治宣言が採択された。

　2023年時点の国ごとの達成度合いをみると、3年連続の1位を達成した

▼ OVERALL PERFORMANCE

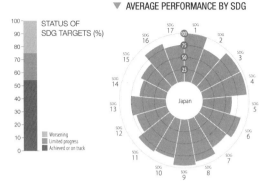

▼ SDG DASHBOARDS AND TRENDS

図1　日本のSDGs達成度（出典：国連持続可能な開発ソリューションネットワーク[1]）

フィンランドに対し、日本は21位に留まっている（図1）。我が国は、目標5「ジェンダー平等を実現しよう」では国会議員の女性比率の低さや男女の賃金格差が問題視され、目標13「気候変動に具体的な対策を」では化石燃料の燃焼などに伴う二酸化炭素の排出量などが多いことが低評価につながった。

## 仙台防災枠組の中間評価

　2023年5月、ニューヨークの国連本部で首脳級会合が開かれ、**仙台防災枠組**の中間評価について報告された。この会合で、ハンガリーのコロシ議

長は、「災害の影響を受ける人数は、2015年から80倍ほどに跳ね上がっている」と指摘し、目標達成に向けた進展が不十分であることが共有された。

　同年2月には、国際学術会議が「建築関連法規の強化や警報システム導入といった長期的な計画や防災措置への投資が過少であること」について警鐘を鳴らしており、一部の都市や国だけの取組みだけでは、世界全体での災害リスクの低減には十分につながらないといえる。


## 「誰ひとり取り残さない」社会へ

　**SDGs**が「誰ひとり取り残さない」社会を理想としていることからもわかるように、3つの**グローバルアジェンダ**はかつての世界の共通目標とは一線を画しており、特定の国や地域における目標ではない。

　以前であれば、世界の末端にいる私たちの役割は「良き市民（Good Citizenship）」であることだった。その時代においては、環境負荷を低減したり、差別を排除したりすることなどは、一人ひとりの心がけこそによって実現できるものであり、その積み重ねがあれば理想社会を実現できるかのように理解していた。

　しかしながら国際化を果たしたいま、多様な価値観のある社会にはそれと同じ数の多様な正義が存在しており、それらが相反しながら存在していることに私たちは気付かされている。私たちが実現すべき社会は、国家や都道府県、市町村、あるいはそれより小さな集落レベルにおいても、それぞれの正義感を正当化することではなく、「誰ひとり取り残さない」仕組みを尊重し合うことが重要である。この実現のためには、あなたにとって身近な**コミュニティ**が「誰ひとり取り残さない」仕組みをつくり、その隣のコミュニティとの間でもこの考え方が尊重され、またその隣のコミュニティへと伝播を続けていき、より大きなコミュニティへと展開されていく必要がある。

　形の法則性がコピーされ、拡大していくことを自己相似性と呼ぶが、理

想社会が自己相似性によって形成されるのだとすれば、まずは私たちが暮らす最小単位である集落がどのような場所に形成されているか、理解しておく必要がある。次節で確認してみよう。

# 2 地勢に逆らわない都市づくり

## 都市の成り立ちと矛盾している現在の居住

　私たちの祖先は、川のそばに田畑を拓き、そこで共同体により作物を育て、食糧を得ながら、ひとところに**定住**する生活を手に入れた。そう遠くない最近までの私たちの暮らしは、食糧を得るためだけに川を必要していたのではなく、生活用水を取水したり、洗い物をしたり、川魚が日々の食卓に上がったりした。また、川の流れは地域産業を支えていた。染物の染料を洗い流したり、木材などを運搬したりできることは、経済的な活力と直結していた。

　これに対し、現在では多様な働き方があり、食糧を含め、生活に必要なものは労働の対価として得た賃金で手に入れられる時代となった。結果として、現代の住まいは川のそばである必要がなくなった。

　私たちは、鉄道や自動車などの交通手段を活用することにより、生活圏を広範囲に広げた。**モータリゼーション**の進展は、第8章で紹介したような郊外化が進む要因にもなった。川の流れに沿って蛇行した街道さえも、モータリゼーションの要求に応えるために、コンクリートの護岸に守られながら拡幅された。川のそばに暮らす理由がなくなったはずの都市住民だが、川沿いの土地は平坦で開発しやすいため、多くの住宅が張り付く場所にもなった。

では、私たちの暮らしは、川と無関係なのだろうか。都市を形成するうえで、川との関係で配慮すべきことはどんなことだろうか。


## 可住地面積の少ない国土

我が国の国土面積は約3,780万haであるのに対し、森林や湖沼などを除いた可住地面積は約1,230万haであり、国土面積の32.6%に限られる。

可住地は総じて、河川が長い年月で作り出した氾濫平野であり、広い平野には古くから都市が築かれた。**高度経済成長期**になると、人口が過密になった大都市では、丘陵地を切り開き、可住地を増やしてきた。可住地割合が大きな都市が三大都市圏に集中していることからも、その大きさは平野の大きさだけではなく、過去の開発の成果によるということがデータから読み取れる（表1）。

表1　可住地面積割合の大きい都道府県と小さい都道府県（出典：総務省[2]）

| | 総面積（ha） | 可住地面積（ha） | 可住地面積割合（%） |
|---|---|---|---|
| 大阪府 | 190,534 | 133,407 | 70.0 |
| 埼玉県 | 379,775 | 260,309 | 68.5 |
| 千葉県 | 515,731 | 353,360 | 68.5 |
| 東京都 | 219,405 | 142,280 | 64.8 |
| 茨城県 | 609,724 | 388,861 | 63.8 |
| ⋮ | ⋮ | ⋮ | ⋮ |
| 奈良県 | 369,094 | 85,389 | 23.1 |
| 山梨県 | 446,527 | 95,310 | 21.3 |
| 岐阜県 | 1,062,129 | 221,063 | 20.8 |
| 島根県 | 670,790 | 127,098 | 18.9 |
| 高知県 | 710,360 | 116,126 | 16.3 |

※調査年：2021年

一方で、急峻な山あいでは可住地が少なく、川沿いの谷筋に街道ととも
に集落が形成されてきた。そこで以下では、平野と丘陵地、あるいは山あ
いの谷筋において、いずれが持続可能な生活を実現し得るか、考えてみよ
う。


## 生活用水の取水

　私たちの生活用水の水源の大半は河川であり、地下水への依存率は全国
平均で2割に及ばない（表2）。都市近郊の平野部や丘陵地では、河川から
引いた上水道が利用される傾向があり、河岸段丘などの崖線に近い山あい

表2　生活用水に占める地下水の割合（出典：国土交通省[3]）

|  | 河川水（%） | 地下水（%） |
|---|---|---|
| 全国 | 80.4 | 19.6 |
| 北海道 | 91.0 | 9.0 |
| 東北 | 83.8 | 16.2 |
| 関東内陸 | 62.4 | 37.6 |
| 関東臨海 | 91.3 | 8.7 |
| 東海 | 68.2 | 31.8 |
| 北陸 | 64.9 | 35.1 |
| 近畿内陸 | 81.2 | 18.8 |
| 近畿臨海 | 88.1 | 11.9 |
| 中国山陰 | 44.3 | 55.7 |
| 中国山陽 | 89.0 | 11.0 |
| 四国 | 59.9 | 40.1 |
| 北九州 | 85.2 | 14.8 |
| 南九州 | 43.4 | 56.6 |
| 沖縄 | 91.9 | 8.1 |

では、古くから地下水が利用されてきた。

　上水道は、主に河川から取水し、浄水場や配水所を経て、私たちのもとへと届く。家庭内の水道をひねって水が出てくるためには、相当の水圧を要する。このため、一般的には傾斜した地形を生かした自然流下方式による配水を用いるが、水を送り届けるべき住宅や工場などが浄水場や配水所から遠かったり、十分に低くない場所にあったりする場合は、ポンプなどの動力によって加圧し、水を送ることになる。つまり、配水範囲が広い都市部や丘陵地では、私たちは電力に依存しながら水を得ていることになる（図2）。

　地形に逆らわずに、川の流れの近傍や低地に暮らすことは、水を得る観点においては、生活のために使用するエネルギーを削減でき、**温室効果ガス**の削減に寄与する住まい方となる。

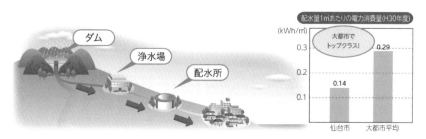

仙台市の水道は、西から東に傾斜している地形の特性を活かして、丘陵地に浄水場や配水所を配置し、自然流下の働きを最大限利用した配水を基本としています。これにより、ポンプなどの動力使用が少ない、環境に優しい水道を実現しています。（全配水量の80％以上を自然流下のみで配水しています。）

図2　自然流下方式の上水道（出典：仙台市水道局[4]）

## 河川の氾濫

　河川の近傍に暮らすことのデメリットもある。政府によると、2011年からの10年間で10回以上の水害に遭った市区町村は、794市町村（全市区町村の45.6％）に上る。対して、この10年間で水害に遭わなかった市町村は56市区町村（3.2％）にすぎない。

岩手県岩泉町では 2016 年、**平成 28 年台風第 10 号**の洪水により、町を流れる小本川が氾濫した。標高 30m ほどの町の中心部にあったグループホームが浸水し、9 名の高齢者が亡くなった。

　図 3 は、そのグループホームから 30km ほど上流に進んだ標高 270m 地点のようすである。全長 65km にわたる小本川は、このように至る所で堤防が決壊し、浸水面積は 120ha に上った。これほどまでの被害が生じたことは、この町に土地勘のある筆者にとっても想像をはるかに超えた。私たちの国土は、大雨や洪水にはとても脆弱で、河川の流域であればいつ災害に見舞われてもおかしくないと考えたほうがよい。

図 3　平成 28 年台風第 10 号の洪水に伴って氾濫した小本川（岩手県岩泉町／ 2016 年撮影）

## 水防法の改正

　先の小本川の氾濫をきっかけに、「逃げ遅れゼロ」と「社会経済被害の最小化」を実現するために、2017 年に水防法が改正された。具体的には、浸水想定区域や土砂災害警戒区域内にある社会福祉施設、学校、医療施設など、防災上の配慮を要する者が利用する施設、いわゆる**「要配慮者利用施設」**においては、利用者の円滑かつ迅速な避難の確保を図るための**「避難確保計画」**を策定する義務が生じた。

表3　要配慮者利用施設の対象と避難確保計画の内容

| 要配慮者利用施設の対象 | | 避難確保計画の内容 |
|---|---|---|
| 【社会福祉施設】<br>・特別養護老人ホーム<br>・有料老人ホーム<br>・老人福祉センター<br>・障害者支援施設<br>・保育所<br>・児童館　　　　　など | 【教育施設】<br>・幼稚園<br>・小学校<br>・大学　　　　　など<br>【医療施設】<br>・病院<br>・診療所　　　　　など | ・防災体制に関する事項<br>・利用者の避難誘導に関する事項<br>・避難の確保を図るための施設の整備に<br>　関する事項<br>・防災教育及び訓練の実施に関する事項<br>　　　　　　　　　　　　　　　　など |

　この内容は、**東日本大震災**の直後の 2011 年に策定された津波防災地域づくりに関する法律（通称「**津波防災地域づくり法**」）に準じたものとなっている。

　水防法では、災害によって被災することが予想される区域内の要配慮者利用施設においては、詳細な防災対策を講じる必要が生じた。しかしながら、一般の住宅やオフィス、商業施設などにおいてはこの法律は及ばない。結果的に、この法改正だけでは災害に見舞われる危険のある浸水域の宅地開発を抑制することはできないといえる。

## 都市計画法などの改正

　**仙台防災枠組**では、災害による被災者を減らすため、これに対応した社会的な投資により、**レジリエンス**を高めることが求められている。

　2022 年の都市計画法と都市再生特別措置法の改正では、自然災害に見舞われる可能性のあるエリアでの開発がいままで以上に抑制されることとなり、仙台防災枠組の考え方に対応することになった。具体的には、土砂災害特別警戒区域などの「**災害レッドゾーン**」内では自己の業務の用に供する施設を含め、開発が原則禁止されるなど、厳しい内容となっている。**立地適正化計画**においても、原則として災害レッドゾーンは**居住誘導区域**に指定できなくなるなど、私たちのまちづくりは、災害に強い都市となるよ

表4　災害レッドゾーンにおける新たな防災まちづくり

| | 災害レッドゾーン |
|---|---|
| 定義 | ・災害危険区域<br>・土砂災害特別警戒区域<br>・地すべり防止区域<br>・急傾斜地崩壊危険区域 |
| 対応 | ①市街化区域、市街化調整区域、非線引き都市計画区域内の災害レッドゾーンでは、開発許可を原則禁止。<br>※市街化調整区域内の浸水ハザードエリアなどでは、開発許可を厳格化。<br>②立地適正化計画の居住誘導区域からは、災害レッドゾーンを原則として除外<br>③災害レッドゾーンや浸水ハザードエリアなどから居住誘導区域に住宅や施設の移転を促進。<br>※防災集団移転促進事業の要件緩和、病院や福祉施設などの移転への財政的支援など。 |

う、面的な対応が進められている。

　このほか、土砂災害警戒区域や想定浸水深が3.0m以上となる区域は**災害イエローゾーン**とされ、**市街化調整区域**における開発許可がより厳格化されたとともに、居住誘導区域にも適していないとされた。

　水防法の改正では、洪水時に氾濫した川の流れや河岸の侵食により家屋の流失や倒壊のおそれがある範囲を「**家屋倒壊等氾濫想定区域**」として設定することとしている。山形県鶴岡市などでは、**立地適正化計画**において**居住誘導区域**から家屋倒壊等氾濫想定区域を外すなど、各地での取り組みが進みつつある（図4）。都市化の過程では、災害リスクの大きな場所にも人々の暮らしが形成されてしまったが、こういった場所から適切に撤退していくことがこれからの時代には求められる。

　加えて、**区域区分**が定められていない都市計画区域（いわゆる非線引き都市計画区域）のように、**スプロール**を過度に許容してきた都市計画が残存していることは、災害から弱いエリアを野放しにしていることにほかならない。**令和6年能登半島地震**における珠洲市の津波災害、穴水町（あなみずまち）の丘陵地での土砂崩れ、内灘町（うちなだまち）の河北潟（かほくがた）干拓地での液状化の被災地には多くの住宅

図4　家屋倒壊等氾濫想定区域内の住宅地（山形県鶴岡市／2023年撮影）

が形成されていたが、いずれも非線引き都市計画区域における被災である。都市計画による強い規制が及ぶエリアであったとすれば、被災を逃れることも可能だっただろう。


## 川の汚染と再生

　ヨーロッパ最大の工業地帯であったドイツのルール地方では、戦後には最大で140か所あった炭坑が続々と閉鎖され、中心産業は鉄鋼や重化学工業へとシフトしていった。この過程で、エムシャー川は汚染され、土壌汚染も進んだ。

　1989年から11年間、ドイツで100年以上の歴史がある国際建築展（IBA）を同地区で開催することになり、これらの一連の事業は**IBA エムシャーパーク・プロジェクト**と呼ばれた。このプロジェクトでは、遊休化した炭鉱などの跡地において環境汚染からの脱却を図りながら、新産業の拠点やウォーターフロントのまちづくりを進め、雇用の創出や文化の創造を図るものであった。

　建築家などから寄せられたアイディアを住民が審査するコンペを行い、

123のプロジェクトが採択されたという。300km²のエムシャー川流域一帯
では、大規模な公園がつくられ、新産業が立地し、汚染された土地（いわ
ゆるブラウンフィールド）が刷新された。公共交通を整備したり、リサイ
クル可能な建材で住宅がつくられたりするなど、徹底して環境との共生を
図ったことが特徴であった。

　IBA エムシャーパーク・プロジェクトにみられるように、河川の流域は
ひとたび汚染されるとその影響範囲が広大になってしまう。私たちが川と
向き合って生活するうえでは、私たちの生活の接点である「点」（取水場所、
船着き場、親水空間など）として川をとらえるのではなく、「面」である流
域としてとらえることが持続可能な社会を実現するうえで重要であるとい
えよう。


## 食糧供給とまちづくり

　**ハワード**が**田園都市**を構想した目的が、都市的な生活と食糧供給の両立
を果たすことであったように、私たちは地球規模での人口爆発を迎えるこ
れからの時代においても、現実的な食糧調達の方法を検討しなければなら
ない。そして、この手段は環境負荷が少ない方法でなければならない。

　多くの人たちが自給自足をしていた時代までは戻せないにしても、食糧
供給の拠点はより身近な存在であるべきであり、川の流域はそのような役
割を担い続けるべきであろう。

　市街地の至る所に野菜や果物を植える活動がある。イギリス中部の町、
トッドモーデンで 2008 年に起こったこの活動は、「**インクレディブル・エ
ディブル**」と呼ばれており、この活動によって植えられた野菜や果物は、
その名の通り、「信じられない」が「食べてもよい」のである。住民どうし
の交流や環境学習の実現など、その波及効果は大きく、世界各地で取り組
まれるようになっている。この活動は、水や川との関わり合いこそ明確で
はないが、食糧供給を身近に扱っている点で興味深い。

デンマークの首都コペンハーゲンは、街中に自転車専用道路が張り巡らされているように、もとより環境意識に満ちた国民性がある。一方で、小さな国土での主要産業の1つは観光であり、物価を押し上げる要因にもなってしまっている。そこで、コペンハーゲンのDMO（Destination Management / Marketing Organization ／観光地域づくり法人）は、2020年に策定したマスタープラン『STRATEGY 2020』[5] の表紙で、衝撃的なスローガン「THE END OF TOURISM AS WE KNOW IT」（観光の終わり）を掲げた。このなかでコペンハーゲンは旧来型の観光との決別を宣言し、地域文化や自然を深く理解し、持続可能な地域社会を安全に楽しんでもらう観光のあり方に舵を切った。市当局も2019年に公園や教会の中庭などに果樹を植える「公共の果樹」の取組みを始め、**「インクレディブル・エディブル」** に追従している。

　食糧供給の持続可能性や自然環境の保全を巡って、国土形成の新たなあり方を問うような取組みがヨーロッパでは始まっている。**SDGs** の達成の観点でも、私たちのこれからの都市は、食糧生産を最上位の目標とするところまで回帰してもよいだろう。


## 川との共存へ

　我が国では**高度経済成長期**を中心に、丘陵地を切り開き、郊外住宅地を開発することで可住域を増やしてきた。しかし丘陵地の暮らしは、水道ネットワークを冗長にするだけではなく、配水のためのエネルギー負荷を大きくしてしまっていることがわかった。また第8章でも指摘したように、郊外住宅地では人口の低密化がますます進むため、公共交通をはじめ、生活のために必要なさまざまなサービスの維持は困難である。

　他方で、川沿いの低地の暮らしは、常に災害のリスクに曝されている。また川の汚染は、発生源の**コミュニティ**だけではなく、広範囲の生活に長期的なダメージを与えてしまう。一方で、本来の川沿いは肥沃な大地と豊

かな水により、重要な食糧生産拠点としての性質も有している。

　これらをふまえると、都市の縮退を図る**スマートシュリンク**の時代においては、災害のリスクからの適度な距離を図りながらも、川沿いの特性である環境負荷の低さ、食糧生産との近接さを活かした低地への都市の集約が有力な選択肢となるだろう。

# 3　参加や意思決定のバージョンアップ

## 全員一致でも多数決でもない意思決定の模索

　**SDGs** では、**公民連携**をはじめとする**協働**により持続可能な社会を実現することを目指している。本書の第4章では、多様な価値観を認め合い、支え合う時代の到来について紹介した。また第7章では、新たな担い手の形が登場してきたことについても触れた。閉じた社会での旧来的な全員一致型の意思決定は、多様な価値観が入り込む余地がなく、これからの時代にはふさわしくない。とはいえ、民主的手法であるからといって、安易に多数決を用いることは時に悲劇的な分断をもたらすことについても、第10章で紹介した。

　納得感のある意思決定がなされるためには、多くの住民がそこにいま存在している地域課題に向き合い、議論することが理想である。第6章でも紹介したように、近年多用されるようになった**ワークショップ**は、まちづくりに熱心な市民層においては満足度の高い手法かもしれないが、そこに参加しているのは全住民の数に対してはごく少数である。すなわち、熱意あふれる住民のみが参加している場での意思決定は、必ずしも正当な手法であるとはいいがたく、多様な意見を受け止める方法が必要となる。

たとえば、若年層を対象にしたヒアリング調査や、全住民を対象にした
アンケート調査などを用いると、ワークショップで挙がった意見が偏った
ものかどうか検証できるし、多様な考え方を掘り当てる機会となる。

　山形県遊佐町のある地区では、地区の将来ビジョンを描くためのワーク
ショップを計6回行ったが、参加者の大半が役員経験者の男性ばかりであ
ったため、検討結果の妥当性を検証するためのアンケート調査やヒアリン
グ調査を行った。この結果、性別、年代、居住エリアなどごとに、将来の
まちづくりへの期待度に差があることがわかった（図5）。こういった地域
内の差があることを適切に認識することを通じて、自分とは異なる他者か
らみた都市の姿が浮かび上がることになる。

　ただし、これらの調査結果は、前述の通り多数決に用いられてはならな
いし、その**コミュニティ**をモデル化・平均化する手法としてはならない。

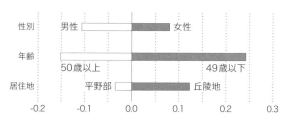

図5　ある地区のまちづくりへの期待度の差（属性別重心[6]）（山形県遊佐町／2013年）

## 納得感は多様性を受け止めることから始まる

　**コミュニティ**がただ1つの解を追い求めることは、同一化・同質化を目
指すことが正義であると考えていたムラ社会と相違なく、これによってさ
まざまな弊害がもたらされる危険性があることについては第2章や第3章
で紹介した通りである。この対局にある現代的な考え方は、ソトの世界と
積極的につながることと、多様な価値観を否定しないことの両立によって
成り立っている。

　これは意思決定においても同様で、ゴールまでたどりつくプロセスの中

で、多様な価値観を共有し、それぞれの立場を尊重し合いながら、お互いの差異を知り、認め合うことが必要とされる。第4章で紹介した**吉原直樹**による**創発性**の考え方が、まさにそれに当たる。

## 納得感は関与することからも生まれる

　第10章では、**公民連携**のさまざまな手法を紹介した。従来は、PFIなどの手法を用い、民間の専門的な建設技術や施設マネジメントのノウハウを公共領域に適用していくことが公民連携の主流であったが、第11章でも紹介したように、公共施設の管理や運営に住民組織が乗り出すことも一般化してきている。

　地域住民の学びや課題解決の拠点である**公民館**や**コミュニティセンター**などの公共施設の管理や運営を自身たちの手によって行うことは、採算性だけが重要視されがちな現代の公共施設のあり方の改善に直接的に関与できることになるため、納得感のある公共施設の運営につながるものである。施設の利用頻度を高めていくことも、受益者負担の意識の高さにつながることが知られているため、ふだんからの開かれた場づくりが重要であるといえよう。

# 4　政策づくりのバージョンアップ

## 都市はツリーでもセミラチスでもない

　**クリストファー・アレグザンダー**（図6）は、1965年の論文「**都市はツリーではない**」[7]において、都市はもはや閉鎖的で階層的なツリー構造では

なく、さまざまな要素が絡み合って形成されるセミラチス構造であることを説き、その後の都市計画家に大きな影響を与えた（図7）。

　本書の第2章や第3章でも、かつての閉じた社会構造について説明したが、これはまさにツリー構造の社会である。現代の社会は多様な価値観が入り交じっており、アレグザンダーのいうところのセミラチス構造に近いといえるだろう。

　ツリー構造の欠点についてはアレグザンダーも指摘しており、本書における指摘とも共通している。一方で、アレグザンダーが追求したセミラチス構造にも欠点がある。

　多様な価値観を認める社会は、一見すると個人の自由を最大限に尊重する**ネオリベラリズム（新自由主義）**が理想とする社会に共通する。**デヴィ**

図6　クリストファー・アレグザンダー（写真：Sophie Elizabeth Alexander／2012年撮影）

図8　デヴィッド・ハーヴェイ（出典：Reading Marx's Capital with David Harvey[9]／2007年撮影）

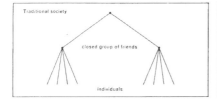

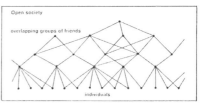

図7　ツリー構造（左）とセミラチス構造（右）（出典：アレグザンダー[7]）

ッド・ハーヴェイ（図8）によるとネオリベラリズムは、平和や寛容、福祉、社会の安定性などを追求し、完全な雇用や経済の成長を望んだ結果として、多くの国家が辿り着いた末路であるとしている[8]。

他方で、ネオリベラリズムによる自由が普遍的で至高的なものであるとする考えは、結果としてほかの立場を許容しない排他的なものになってしまうことにハーヴェイは警鐘を鳴らしている。最上級の自由は、最も閉鎖的な**コミュニタリアニズム（共同体主義）**に無意識に通底してしまうとは、如何ともしがたい悲劇である。

ゆえに私たちは、手放しでなんでも容認する無政府状態的な社会を志向するのではなく、自由な議論のプロセスを堅持することをもって多様性を受け止めることが正しいといえる。

## フラクタル状の社会を構想する

そこで私たちは、異質なものを受け入れない**コミュニタリアニズム**とは真逆の、多様な価値観に寛容である身近な**コミュニティ**を持つことから始めてはどうか。たとえば、家族や地域社会といった既存のコミュニティでもかまわないし、インターネットゲームで知り合った名前も知らない友人

図9　フラクタル構造によるツリー

との関係でもかまわない。

　多様な価値観への寛容さ、「誰ひとり取り残さない」規範さえ持つことができていれば、社会はツリー状であってもかまわないが、旧来型の統治的な下位互換型のツリーではなく、上位互換のツリーが理想である。つまり、1人の指導者、1本の太い幹からツリーが始まるのではなく、私たちのコミュニティがある葉先の末端のメカニズムが枝へ幹へと同じ社会構造のまま展開し、1本の大樹を形成する手順である。自己相似性を持った構造、いわゆるフラクタル構造の社会を、これからの理想社会とできないだろうか（図9）。


## 証拠に基づく政策立案

　現代の政策立案手法として、証拠に基づく**政策立案（EBPM ＝ Evidence-Based Policy Making）** が主流になりつつある。これは、場当たり的なエピソードに頼った政策立案から脱却し、合理的根拠に基づいて政策の目標を達成しようとする考え方である。

　合理的な根拠を求める際に、社会の実態を単純なモデルに置き換える作業（モデル化）が行われる場合があるが、これは平均的な大衆を社会の実態として捉えてしまう過ちを犯す可能性がある。私たちの社会は、多様で、かつ格差も拡大しつつある中で、全体主義的なアプローチでは妥当な根拠となり得ない可能性が潜んでいる。

　先に、自己相似性を持ちながら末端から全体へとコピーされていく理想社会を提示したが、これはモデル化が容易な均質的な社会を示したものではない。自己相似性を持っているのは、多様な価値観を受け止め、課題解決に向けて**創発性**を持ちながら取り組む社会構造にすぎず、社会全体が均質なのではない。

　社会構造の上位互換もまた同一化・同質化の企図につながるのではないか、との批判もあるかもしれないが、絶えず変化を許容する社会構造であ

るため、結果として生み出される社会は決して均質なものにはならない。

　従来のEBPMは、マクロ側から社会を見渡し、ミクロの社会にも及ぶ政策立案をすることが欠点である。しかし、社会全体における多様で変化に富んだ状況をふまえることをEBPMの目的とし、安易なモデル化を持ち込むことを避けるのであれば、この手法は持続可能な社会を構築するための手段として有効に機能するだろう。

注釈・参考文献

1) 国連持続可能な開発ソリューションネットワーク：『SUSTAINABLE DEVELOPMENT REPORT 2023』，Dublin University Press Dublin，2023，p.290

2) 総務省：『統計でみる市区町村のすがた 2023』，2023，pp.60-116

3) 国土交通省『令和4年版 日本の水資源の現況』，2022，p.29

4) 仙台市水道局『仙台の水道』，2021，p.4

5) Wonderful Copenhagen：『STRATEGY 2020』

6) 属性ごとの回答の平均を数値化したもの。ここでは正の値が期待の高さを表している。

7) クリストファー・アレグザンダー（稲葉武司，押野見邦英 訳）：「都市はツリーではない」，『形の合成に関するノート／都市はツリーではない』，鹿島出版会，2013（原著：Christopher Alexander：『A CITY NOT A TREE』，Architectural Forum, Vol.122, No.1, 1965, pp.58-62 および Vol.122, No.2, 1965, pp.58-62）

8) デヴィッド・ハーヴェイ（渡辺治 監訳）：『新自由主義 ―その歴史的展開と現在』，作品社，2007，pp.21-22（原著：David Harvey：『A Brief History of Neoliberalism』，Oxford University Press, 2005）

9) Reading Marx's Capital with David Harvey：『Class 01 Reading Marx's Capital Vol I with David Harvey』，YouTube, 2007

# 索引

225

# おわりに

　2005年、地方創生の実現のためには、大学と地域が連携することが重要であることについて国が初めて言及し、内閣府都市再生本部の第10次決定として「大学と地域の連携協働による都市再生の推進」が掲げられた。都市再生本部の決定を受けて結成された「大学地域連携まちづくりネットワーク」は8地域の地方自治体と大学から始まったが、わずか1年でこの組織は全国津々浦々に広がり、大学と地域は当然のように関わり合うべきとの新しい価値観が形成された。これをきっかけに、地方都市にキャンパスを置く大学を中心に、大学によるまちづくり分野への参画が進められるようになった。また各大学では地域貢献に資する学問領域として、都市や農村、地域、観光などを扱う独自のカリキュラムを発展させるに至っている。

　ところで、筆者は「大学地域連携まちづくりネットワーク」の発起人である東北公益文科大学（山形県酒田市）において、地域と大学を結ぶ「共創」の拠点である地域共創センターのセンター長を担当していた時期がある。造語的な用法としての「共創」という表現は古くから存在していたが、価値を創造するという意味合いの「Co-creation」の日本語訳として大学が使用し始めたのは東北公益文科大学が最初であり、いまや全国の大学が地域と大学の連携を「共創」と称している。

　この初期の共創の現場では、たびたび頭を抱えることが起きた。いままで閉ざされていた大学の門戸が突然開かれ、地域の困りごとを解決してくれる窓口ができたので、多くの人たちが大学を訪ね、さまざまな期待を大学に寄せた。しかしその多くは、「学生をボランティアに派遣してほしい」など、不足する労力（本書では第4章で「ヒューマン・キャピタル」として紹介した）を学生たちに求めるものであった。もちろんこういった期待感には1つ1つ応えていったのだが、地域の期待感と学生たちの本分である学びとの間には大きな乖離があった。その溝を埋めるためには、大学が

学生たちに対して地域にまつわる専門性を身に付けてもらうためのカリキュラムを用意することが近道であったため、カリキュラム改変も私の仕事の１つになった。私が籍を置いていた大学は幸いにして、規模は小さいながらもさまざまな分野の専門家がいたため、教員個々の専門性に依存しながら、その組合せの最適解を探すような作業を行い、学生たちの専門性の獲得に資する課題解決型の学びを行える環境を整えていった。しかし、これはオムニバス科目やフィールドワーク科目にならざるを得ない側面も多く、全国多くの大学でもそのような対処に留まっている。

　私の故郷の仙台が東日本大震災に見舞われたことをきっかけに、私は東北公益文科大学を離れ、地元で震災復興に奔走することになるが、そこで目の当たりにしたのは学術分野の専門性が融合する暇もなく、それぞれの論理で復興が進められていく状況であった。震災からまもない 2011 年 6 月、国の復興構想会議は「復興への提言 〜悲惨のなかの希望〜」を公表し、このなかでは「新しい地域」「技術革新」「イノベーション」など、新時代を予感させるキーワードが並べられた。しかし、実際に復興に用いられた支援制度は、各省庁が平時から用いている制度のつぎはぎのようなものであった。筆者は都市計画学の専門家として、また共創のムーブメントをつくり出した一人として、復興期に分野融合・分野横断の地域づくりの素地を生み出せなかったことに、いまだ敗北感のようなものを感じている。


　本書を執筆中にも、令和 6 年能登半島地震が発生し、その復興の道筋はまだ始まったばかりである。このたびの災害は、私がこれまで被災地で支援してきた東日本大震災や熊本地震、平成 28 年台風第 10 号などの災害とは、都市の成り立ち、人々の関係性など、異なる点は多い。すなわち、過去の災害の経験を目前の災害に無理やり適用しようとしても、部分的には正解でも、多くの部分で誤っている可能性がある。

　最近の災害復興の現場では、これまでの現場での経験値の高い人たちがそれまでに培った経験則で立ち振る舞うことがあたかも正解であるように

いわれているが、これは日本人特有の職人気質の悪い現れでしかない。本来は、その経験則を専門的で体系的な知識に落とし込み、次の担い手に受け継ぐことが重要である。

　本書では、複数の学問に依拠しながら、過去の経験をも学問上でどのように捉えることが可能か、丁寧に説明してきたつもりである。一方で、地域福祉学や環境学など、本書では取り扱い切れなかった学問上の知見も多い。このことを念頭に置いていただきながら、都市・まちづくりへの学びを深めていただきたい。

　日本海に沈む夕陽は美しいが、奥能登では海から昇る朝陽もみられるという。少しでも早く、平穏な朝が迎えられるようになることを心から祈りたい。

　本書は、私のわがままで、企画から出版までを非常に短い作業工程で進めたため、学芸出版社の松本優真さんには多大なご負担をお掛けしました。全面的なサポートをいただきましたことを、ここに感謝申し上げます。

2024 年 5 月
小地沢 将之

著者紹介

## 小地沢将之 (こちざわ・まさゆき)

東北大学大学院工学研究科都市・建築学専攻博士課程後期修了、博士
(工学)。2001 年 10 月より特定非営利活動法人コミュニティ代表理事
(現職)。東北公益文科大学地域共創センター長、国立高等専門学校機
構仙台高等専門学校建築デザイン学科准教授などを経て、2019 年 4 月
より宮城大学事業構想学群准教授(現職)。塩竈市市民交流センター審
議会委員長、塩竈市生涯学習センター審議会委員長、日本建築学会東
北支部地方計画部会部会長ほか。共著に橋本和孝・藤田弘夫・吉原直
樹編『都市社会計画の思想と展開(アーバン・ソーシャルプランニン
グを考える I)』、日本都市計画学会編『60 プロジェクトによむ日本の
都市づくり』、20 世紀アーカイブ仙台編『3.11 キヲクのキロク』、日
本デザイン学会環境デザイン部会編『つなぐ 環境デザインがわかる』、
饗庭伸・鈴木伸治・野澤康編著『初めて学ぶ都市計画(第 3 版)』、単
著に『まちづくりプロジェクトの教科書』。

本書についての最新情報は、学芸出版社のウェブページに掲載しています。
ご意見・ご感想の投稿もこちらからどうぞ。
https://book.gakugei-pub.co.jp/gakugei-book/9784761528911/

## 都市・まちづくりのためのコミュニティ入門

2024 年 5 月 15 日　第 1 版第 1 刷発行

| | |
|---|---|
| 著者 | 小地沢将之 |
| 発行者 | 井口夏実 |
| 発行所 | 株式会社 学芸出版社 |
| | 〒 600-8216 |
| | 京都市下京区木津屋橋通西洞院東入 |
| | 電話 075-343-0811 |
| | http://www.gakugei-pub.jp/ |
| | E-mail info@gakugei-pub.jp |
| 編集 | 松本優真・森國洋行 |
| 装丁・本文デザイン | 北田雄一郎 |
| 印刷 | イチダ写真製版 |
| 製本 | 新生製本 |

ⓒ Masayuki Kochizawa 2024　　　　　　　　　　Printed in Japan
ISBN978-4-7615-2891-1

## はじめてのまちづくり学

山崎義人・清野隆・柏崎梢・野田満 著
B5変形判・172頁・本体2700円＋税

「まちづくり」にはじめて取り組む学生や市民に向けた入門的教科書。まちづくりとは何か？なぜ必要か。多様な人々との連携・協働、まちの構成要素や成り立ちや仕組み、まちづくりを進めていく流れやまちの居場所づくり等を、わかりやすく体系的に解説。15の事例やワークシートも収録。まちづくりを自分事として学べる一冊。

## 地域コミュニティ支援が拓く協働型社会

地方から発信する中間支援の新展開

櫻井常矢 編著
A5判・200頁・本体2500円＋税

東日本大震災やコロナ禍、そして高齢化・人口減少の現実を前に、地域コミュニティは様々な課題に直面している。そうした中、地域円卓会議やアウトリーチ型支援等を通じて地域コミュニティをエンパワメントする中間支援組織の実践が各地で広がっている。こうした中間支援機能の事例をもとに検証し、新たな可能性を展望する。

## 認知症にやさしい健康まちづくりガイドブック

地域共生社会に向けた15の視点

今中雄一 編著
A5判・188頁・本体3000円＋税

認知症の当事者やその周辺で支える人たちにとって安心なまちは、どうすれば実現できるだろうか。本書では、医療や介護の視点にとどまらず、人権や年金などの社会保障、ICTや都市計画・交通サービスといったインフラまで幅広い角度から、全世代にやさしく健康な"地域共生社会"を構想するためのキーポイントを解説する。

## 都市を学ぶ人のためのキーワード事典

これからを見通すテーマ24

饗庭伸 編著
四六判・288頁・本体2700円＋税

都市をめぐる実務・研究に携わるなら押さえておきたい話題を、気鋭の執筆陣が24のテーマ・約230個のキーワードでコンパクトに解説。理念、政策、制度、手法、技術までバランスよくカバーし、言葉の世代交代やトレンド、テーマ間の関係がつかめる。関連データや事例、ニュースは都市系情報サイト「まち座」でフォローアップ！

## パブリックスペース活用事典
### 図解 公共空間を使いこなすための制度とルール

泉山塁威・宋俊煥・大藪善久・矢野拓洋・林匡宏・村上早紀子ほか 編著

A5 判・224 頁・本体 2700 円＋税

パブリックスペース活用の歴史や制度を初めて体系化。歴史的変遷を見やすい年表形式で辿るとともに、おさえておきたい政策や法令、条例等、都市に賑わいや居心地を創出するテクニカルなアプローチを国内外の 60 の制度・プログラムで網羅した。自治体・コンサル・企業・市民・研究者、あらゆる立場で実践に使える待望の教科書。

## 公民連携まちづくりの実践
### 公共資産の活用とスマートシティ

越直美 著

A5 判・200 頁・本体 2400 円＋税

自治体が公民連携に取り組む際の実務的なノウハウを元・大津市長が徹底解説。選ばれる公共空間づくり、稼げる施設マネジメントへの転換、テクノロジー導入による課題解決などを目指した事業のプロセスを、当初課題の実態(Issue)／採られた対応策(Action)／事業者との連携の仕組み(Scheme)／得られた成果(Outcome)に分けて紐解いた。

## 地域自治のしくみづくり　実践ハンドブック

中川幾郎 編著

A5 判・208 頁・本体 2500 円＋税

自治会など地縁型の組織と NPO などテーマ型の組織が補完しあう「地域自治」のしくみが広がっている。民主性と開放性のある新しい地域社会はどうすれば実現できるのか？この動きをリードしてきた著者らが、理論的背景と行政・地域におけるしくみづくりの方法、各地の事例を紹介。「地域自治のしくみづくり Q & A」も収録。

## 世界に学ぶ地域自治
### コミュニティ再生のしくみと実践

大内田鶴子・鰺坂学・玉野和志 編著

A5 判・256 頁・本体 2500 円＋税

災害や高齢化等の地域課題に対応する主体として地域自治組織への期待が高まっている。家族・社会・経済状況の変化や移民の流入などによって多様化する地域をどう再編し、安定的・開放的な地域自治組織をどうつくるか。世界各国の事例から、日本における地域コミュニティづくりの可能性とヒントを探る。